SPIEGEL-Bestsellerautor Marco Göllner wuchs bei Oma Martha auf, einem echten Original der Generation Kittelschürze. In einem Haushalt, in dem sich alle auf eines verlassen konnten: Oma Martha hatte alles und jeden im Griff. An sie erinnern Göllners wunderbar lakonische, heitere Episoden aus jenen Jahren tief in der deutschen Provinz. Marco Göllner nimmt uns in diesem Buch mit in seine Kindheit und erzählt von einer Frau, die ihr Leben lang nach 4711 roch, die weltbesten Püfferken (Kartoffelpuffer) machte und deren Kittelschürze jeden Superheldenumhang alt aussehen ließ: «Perlt alles ab.»

MARCO GÖLLNER ist Lipper und sechs Jahre alt. Beides bis heute. Geboren wurde er 1971 im bekloppten Herford (Preußen!), weil sein Vater sich verfahren hatte. Groß geworden allerdings ist er in Bad Salzuflen, Ortsteil Aspe, (Lippe!), wo er die ersten Lebensjahre bei seiner Oma Martha verbrachte. Heute lebt er im Teutoburger Wald und in Berlin und ist seit Jahren Superheld im Sparten-Medium Hörspiel – als Regisseur und Autor. Der strammen Masse wurden er und seine Stimme durch die Intros von «Fest & Flauschig» bekannt, dem Podcast von Jan Böhmermann und Olli Schulz.

Marco Göllner

DER JUNGE HAT DOCH NICHTS DAVONGETRAGEN?

Rowohlt Taschenbuch Verlag

Originalausgabe ◆ Veröffentlicht im Rowohlt Taschenbuch Verlag,
Hamburg, August 2019 ◆ Copyright © 2019 by Rowohlt Verlag GmbH,
Hamburg ◆ Umschlaggestaltung zero-media.net, München ◆
Umschlagabbildung privat ◆ Satz aus der Adobe Garamond, InDesign,
bei Pinkuin Satz und Datentechnik, Berlin ◆ Druck und Bindung
CPI books GmbH, Leck, Germany ◆ ISBN 978 3 499 00026 3

INHALT

Für Mama und Papa

Die mich wollten
und dann hatten
und noch haben,
und das hammse jetzt davon!

AMUS GÖLL NA

Als ich ankam, kam ich in ein Haus voller schwarz gekleideter Menschen. Und nahm ungewollterweise einen Platz ein, welcher kurz zuvor unerwarteterweise frei geworden war. Doch das wusste ich damals natürlich nicht.

In meiner Erinnerung ist meine gesamte Kindheit ein langer, heißer Sommertag. Mit regelmäßig Weihnachten. Und ich lang und dünn, also schlaksig, und somit absolut unbeschwert. Und glücklich.

Was sicherlich daran lag, dass ich damals noch nicht alles verstand. Wann tut man das eigentlich? Kommt das noch?

Und sicherlich lag es auch daran, dass von Erwachsenenseite vieles von mir ferngehalten wurde. Was rückblickend sehr vorausschauend war. Dafür bin ich sehr dankbar.

Die Erinnerung an meine Kindheit ist warm und heiß. Wie einer dieser Windstöße, die einem ab und an satt ins Gesicht drücken, wenn man am Ende des Sommers durch reife Kornfelder rennt. Ich blicke mich um und sehe meine Freunde und meine Familie im Licht eines langen Sonnenuntergangs, die Konturen zerfranst durch goldenen Schein, ein Flirren in der Luft, dampfende Schatten, einzelne Haare streben aus Frisuren, lösen sich auf in weißglühendem Glanz.

Die Erinnerung an meine Kindheit fühlt sich so an, wie die Fotografien aus dieser Zeit aussehen. Wohlig und satt und prall und fett und schön. Und an den richtigen und wichtigen Stellen scharf. Ein Großwerden in Kodachrome.

Ich bin fünf, sechs, sieben, acht, neun Jahre alt und trage Hosen mit Schlag und eng anliegende T-Shirts und habe Sommersprossen. Im Gesicht und an den Armen. In rund und nicht so rund und klein und nicht so klein. Sommersprossen! Selbst an Weihnachten.

Es ist das Ende der siebziger Jahre. Die jungen Frauen tragen kurze Röcke an langen Beinen, hohe Schuhe unter tiefen Ausschnitten und haben Haare unter den Armen. Die jungen Männer haben eigentlich *nur* Haare. Lang und überall.

Ich lebe in Aspe. In Bad Salzuflen. In Lippe. Und mehr kenne ich nicht. Und mehr weiß ich auch nicht. Ich weiß nicht, dass es sich «nicht gehört», mit sechzehn Jahren ein Kind zu bekommen. Hätte ich es gewusst, hätte ich gefragt, warum man denn mit sechzehn Jahren ein Kind bekommen kann, wenn sich das doch «nicht gehört».

Ich weiß nicht, dass Mama in der Berufsschule ausgelacht und verspottet wurde, weil sie unter und in diesen und anderen Umständen dort auflaufen musste.

Ich weiß nicht, dass der Vater von Papa zu ihm gesagt hat, er müsse das Mädchen nicht heiraten, wenn er nicht wolle. Nicht mit siebzehn Jahren. Er, Opa, werde für alles aufkommen.

Ich weiß nicht, dass die gesamte Familie, auch Oma, eine vehemente Meinung zu dieser Schwangerschaft hatte (und das ist ein Euphemismus) und dass genau diese Meinung nicht die Meinung meiner Eltern war, sodass sie kämpfen mussten.

Und ich weiß auch nicht, dass die Mutter von Mama, die, in zweiter Ehe verheiratet, über eine Stunde entfernt wohnte, sich sehr aufregte, als sie von der Schwangerschaft erfuhr. Und kurz darauf starb. Am 3. August 1971. Siebenundsiebzig Tage vor meiner Geburt. Sie wurde nur 35 Jahre alt.

Ihr Gehen und mein Kommen wurden von dem einen und dem anderen in einen natürlichen Zusammenhang gebracht. Ich wusste davon nichts. Viele Jahrzehnte lang nicht. Und war deshalb unbeschwert.

Als ich ankam, hieß ich Marco Teiwes. Das ist der Mädchenname von Mama. Meine Eltern heirateten ein halbes Jahr nach meiner Geburt, und Mama und ich nahmen den Nachnamen von Papa an. Die beiden bekamen nach mir noch zwei weitere Kinder, haben mittlerweile fünf Enkel und sind bis heute zusammen. Nunmehr bald fünfzig Jahre.

Als ich ankam, kam ich in ein Haus voller schwarz gekleideter, trauriger Menschen. Und als sie mich sahen, fingen sie an zu lächeln. Weil ich doch so süß war.

JEWITTATÜTE

Oma saß in geblümtem Nachthemd und elfenbeinfarbe-ner Strickjacke mit dem Popo auf der zweiten Stufe der Treppe nach oben. Ihre Füße steckten in hellbraun-dunkel-braun karierten Hausschuhen und standen noch immer im Erdgeschoss. Sie sah durch das nahe Fenster sorgenvoll hinauf in den eben noch hell erleuchteten, jetzt aber wie-der schwarzen Himmel und zählte: «Einnzwanzich, zwein-zwanzich, dreinzwanzich …»

Dann gab es einen mächtigen Donner: Rommsti-Wommsti-Bommsti!!!

Die Fensterscheibe zitterte im Rahmen, und wir alle mit ihr. Das Glas wegen der Druckwelle, der irgendwo in der Ferne verdrängten Luft, wir anderen wegen Erschreckung. Dann war absolute Stille. Zumindest im Treppenhaus.

Draußen stürzte derweil weiter eifrig Wasser gen Boden, und Oma sagte leise: «Zieht langsam wieder wech.»

Niemand erwiderte etwas. Das ganze Haus saß so da wie Oma und schaute angstvoll durchs Fenster hinaus in die stockdunkle Nacht.

Ich hockte zwei Stufen über und somit hinter ihr. Biggi und Banda, meine rechte und meine linke Hand, die sich dann und wann miteinander oder auch mit mir unterhielten, waren verstummt und leichenblass und hatten sich vor Nervosität rechts und links in Omas Schultern verbissen. Welche die rechte und welche die linke Schulter war, wusste ich nicht. Und es war mir in jenem Moment auch völlig egal.

Rückblickend muss ich anmerken, dass es allgemein auch absolut völlig egal *ist*. Man kann siebenundvierzig Jahre alt werden, ohne dass man je wirklich gewusst hat, wo genau jetzt rechts und wo genau links ist. Es bringt einem keinerlei Nachteile. Außer vielleicht in wenigen Momenten in der Fahrschule. Aber ansonsten ist es absolut und völlig egal! Wenn man sich umdreht, ist es sowieso wieder die andere Seite, warum also sollte man es sich überhaupt merken?

Auf der einen Seite neben mir saß meine Großcousine, hatte das Pflaster mit dem schwarzen Punkt, welches sonst eines ihrer beiden Augen verdeckte, hochgeklappt und stierte in Stereo nach draußen.

Auf der anderen Seite saß mein Großcousin und wippte mit dem Oberkörper vor und zurück, als müsste er dringend zur Toilette. Mund und Augen standen ihm weit offen, und er starrte in dieselbe Richtung wie seine Schwester.

Zwei Stufen aufwärts saßen ihre Eltern, Onkel Friedlich und Tante Creme. Er völlig ruhig und nichts sagend und nichtssagend und sie ihre Hände ineinander reibend. Hochwahrscheinlich hatte sie wegen Aufregung zur Beruhigung auf dem Weg zur Treppe kurz an ihrem Tiegel mit Handcreme innegehalten, die Hände flott hineingetaucht und versuchte nun, sich durch massiven Druck die Handcreme in die Hände hineinzupressen. Sie hielt den Mund geschlossen, dennoch ragten ihre bemerkenswerten Zähne wie eine schlecht tapezierte gelbliche Wand heraus. Hätte es auch hier drinnen geregnet, mein Großcousin hätte trotzdem im Trockenen gesessen.

Unten neben Oma, auf der fensterabgewandten Seite, saß Mama, auf ihrem Arm mein Bruder.

Üttchen, Omas kubikmetrige Schwägerin, mit der sie zusammenlebte, stand direkt neben den beiden, klammerte sich beidhändig an die Streben des Handlaufs der Treppe nach oben und blickte zwischen zweien von diesen hindurch hinaus ins Dunkel. Offenbar hatte sie sich auf dem Weg aus dem Bett heraus zur Treppe wegen Eiligkeit ihre Perücke falsch herum aufgesetzt. Die Nackenwellen ihrer Dauerhaube drückten auf den oberen Rand ihrer Brille und diese tief ihre Nase hinab, was ihr einen seltsam grimmig bösen Blick verlieh.

Hinter Üttchen hockte Didi an die Wand gelehnt, Mamas Bruder. Er sah so besorgt aus wie selten. Wahrscheinlich überlegte er, ob er das Mofa untergestellt hatte oder eben nicht.

Es war mitten in der Nacht, jegliches Licht im Haus war gelöscht worden. Denn es war: Gewitter!

Und Gewitter war das Zweitschlimmste, was passieren konnte, hatte Oma mir erzählt, aber das hatte sie gesagt, als kein Gewitter war, denn wenn Gewitter war, durfte man nicht reden, oder wenn, dann nur ganz leise, denn der Blitz könne uns hören, hatte Oma mit großen Augen und erhobenem Zeigefinger angefügt.

Ich hatte natürlich wissen wollen, was denn dann das Erstschlimmste wäre, das passieren konnte, wenn Gewitter das Zweitschlimmste wäre, das passieren konnte, und Oma hatte mir erklärt, das Allerschlimmste wäre, wenn die Bomben fielen.

Die einzigen Bomben, die ich kannte, waren Wasserbomben, und die waren ja eigentlich gar nicht schlimm, sondern lustig. Zumindest für den, der sie warf. Der andere, der, der getroffen wurde, war dann meist nass, wegen Wasser und Heule.

Ich hatte Oma also gefragt, was denn die Bomben, von denen sie redete, machen würden, und Oma hatte geantwortet, dass die einen ganz, ganz lauten Knall machen würden, Rommsti-Bommsti, und dann wäre alles rundherum kaputt. Völlig klotten.

Mir war der Unterschied jedoch noch nicht so richtig klar gewesen, und ich hatte erwidert, dass das Gewitter doch *auch* Rommsti-Bommsti machen würde, und Oma hatte bestätigt, ja, das wäre wohl so, aber das Rommsti-Bommsti beim Gewitter wäre ja nicht das Gefährliche, sondern der Blitz vorneweg. Wenn der irgendwo einschlagen würde, dann würde der zwar *auch* alles kaputt machen, völlig klotten, aber *dass* der irgendwo einschlagen würde, sei häufig doch schon sehr selten, trotzdem würde es beim Gewitter natürlich ständig Rommsti-Bommsti machen, aber da gehe ja nichts bei kaputt. Wenn allerdings die Bomben fielen, dann könne man sicher sein, dass dann nichts mehr sicher war und bei jedem Rommsti-Bommsti auch was kaputt gehen würde. Insofern seien die Bomben schlimmer als jedes Gewitter.

Wann die Bomben denn wieder fallen würden, hatte ich wissen wollen, und Oma hatte gesagt, das würde man nicht wissen. Im Moment sei es aber wahrscheinlicher, dass

Gewitter kommen würde. Anstatt Bomben. Also dies Jahr noch.

Da Gewitter von der Gefährlichkeit her nicht zu unterschätzen war, war es in jenem unserem Haus dort in Aspe, Bad Salzuflen, Lippe, ungeschriebenes, aber häufig von Oma laut ausgesprochenes Gesetz, dass sich alle und jeder und jeder und alle sofort und unverzüglich nach Ertönen des ersten Donners in den Hausflur auf die Treppe begab und begaben, auch die wenig Begabten, denn so dösig könne man gar nicht sein, das nicht zu verstehen, sagte Oma. Der Hausflur inklusive Treppe sei groß genug, um alle Bewohner zu beherbergen, und dazu noch nahe der Haustür, falls man fliehen müsste, und das Wichtigste, da mit Gewitter ja auch Wetter einhergehen würde, er sei trocken, wusste Oma. Mitzunehmen sei lediglich das, was man tragen und sich dabei noch bewegen könne und was man auf jeden Fall vor eventuellem Feuer retten wollen würde. Kurz gesagt: Das Wichtigste muss mit, alles andere bleibt, wo es ist! So Omas Ansage.

Flacker-Flacker-Flacker! Ein Blitz!

Die Gesichter meiner Verwandten wurden mehrfach kurz und kräftig erhellt, ich sah entsetzte, angstvolle verzerrte Grimassen ringsum. Oma zählte erneut: «Einnzwanzich, zweinzwanzich, dreinzwanzich, viernzwanzich …»

Rommsti-Wommsti-Bommsti!!!

Und noch bevor die Scheibe im Fensterrahmen aufgehört hatte zu zittern, wiederholte Oma leise: «Zieht langsam wieder wech.»

Zwischen Omas Füßen am Fuße der Treppe stand eine Plastiktüte. Sie stand nicht von allein, sondern deshalb, weil sich in ihr ein Aktenordner und mehrere Umschläge mit papiernem Inhalt befanden. Das war das, was Oma auf jeden Fall im Fall des Falles aus dem Haus retten wollte.

Es war die «Jewittatüte» – darin die wichtigsten Unterlagen wie Stammbuch, Sparbuch, Gesangbuch und Geburtsurkunde, Sterbeurkunde, Seepferdchenurkunde und andere brisante Zettel, auf denen stand, «was wem jehöan tut, also mir», so Oma.

Andere Familienverbünde waren von ihr angehalten worden, es ebenso zu halten wie sie, und wehe, wenn nicht!

So war es also kein Wunder, dass Tante Creme ebenfalls mit einer Plastiktüte zwischen den Füßen dasaß. Diese war in der Dicke allerdings schlanker als jene von Oma, unten dafür aber mit einer enormen Ausbuchtung. Ich tippte auf einen Reserve-Kübel Handcreme.

Üttchen hielt nichts in Händen, außer den Streben des Treppenlaufs. Oma hatte gesagt, die zwei Zettel von ihr würde sie noch mit in ihre «Jewittatüte» reinkriegen, sie solle sich mal auf anderes konzentrieren. Dass Üttchen aber nun so gar nichts in den Händen hielt, machte mich irgendwie ein bisschen traurig. Ich tröstete mich damit, dass sie ja vielleicht das Treppengeländer mitnehmen wollte.

Mama hatte noch keine eigene «Jewittatüte», (was sich allerdings in den Jahren drauf ändern sollte, eine Änderung, die bis heute anhält), stattdessen hatte sie ja meinen Bruder auf dem Arm.

Ich war kurz davor zu sagen, Oma hätte ja gesagt, wir sollten nur das mitnehmen, was wir tragen könnten und uns auch noch bewegen könnten und dass das beides auf meinen Bruder wegen mächtiger Pummeligkeit wohl kaum zuträfe, aber eben nur kurz davor. Denn mein Bruder besaß in seinen sehr jungen Jahren sehr viel Speck um seinen eigentlichen Körper drum herum. Mama hatte gesagt, das sei Babyspeck. Papa hatte gefragt, von wie vielen Babys denn? Und Oma hatte gesagt, das sei Schmull. Schöne weiche, weiße Haut von enormer Dicke und Dichte, die das Kind hervorragend abfedern würde, wenn es stürzte. Wobei ich mich fragte, wie man stürzen konnte, wenn man den ganzen Tag bloß faul herumlag.

Meine Großcousine hielt eine Puppe mit langen blonden Haaren im Arm inklusive einer Bürste für ebendiese Haare, mein Großcousin hatte vier oder fünf Figuren seiner dunkelgrünen Plastiksoldatenarmee in Händen und sein Vater, Onkel Friedlich, den nagelneuen Elektrorasierer, den er von seiner Frau letztes Jahr zu Weihnachten bekommen hatte. Wahrscheinlich hatte sie ihm den rausgelegt.

In Didis einer Hand blitzte der Schlüssel vom Mofa auf, dem alten von Üttchen, das nun gern und oft, also eigentlich immer, von ihm gefahren wurde, und mit der anderen Hand umfasste er krampfhaft sein letztes Geburtstagsgeschenk, einen Tankgutschein von Texaco.

Ich war zu viert. Während Biggi und Banda weiterhin fest in Omas Schultern verbissen waren, klammerte sich, dank kleiner quadratischer Klettaufnäher am Ende seiner zarten, lieblichen Ärmchen, ein grüner Frosch um meinen Hals. Zu diesem später mehr.

Da Gewitter immer plötzlich und unerwartet auftrete und, so selten es auch dazu komme, häufig in der Nacht, so Oma, sei die für diesen Zweck erstellte Tüte wegesnah und griffbereit zu platzieren, sodass man sie auf dem Weg ins Treppenhaus auch im Dunklen finden würde, sie aber trotzdem bei Helligkeit nicht zu sehen wäre, um eventuelle, etwas im Schilde führende, uneingeladene Unholde, namentlich Einbrecher, nicht sofort mit der Nase darauf zu stoßen.

Oma war eine Meisterin darin, diese von ihr selbst aufgestellte Regel, regelgerecht und -konform umzusetzen. Die Neugierde motivierte mich jahrelang dazu, den Weg von ihrem Bett bis ins Treppenhaus sehr genau abzusuchen, aber die «Jewittatüte» fand ich nie.

Aber (!) wenn Gewitter kam, stand Oma, noch bevor der erste Donner verklungen war, mit der Tüte unterm Arm im Schlafzimmer, schlug meinen Federberg zur Seite und flüsterte eindringlich: «Komm! Es kommt! Und bisse leise! Der Blitz hat Ohan!»

HÖAN

A propos Ohren. Also, apropos «hören». Oma deutete mit ihrem Zeigefinger auf die Schuhe, die mittig im Flur standen, und fragte: «Wen höan die Treter?»

«Ich!», rief ich, sprang vom Sofa auf, schlug kurz die Hacken zusammen und meldete mich.

Oma machte große Augen und legte den Kopf erwartungsfroh in den Nacken. «Ja, höan die denn da hin?»

«Nee», meinte ich kopfschüttelnd und lächelte wissend.

«Ja, wo höan die denn hin?», fragte Oma interessiert.

«Anne Füße», erwiderte ich und nickte knapp.

Oma ließ sich Zeit, wollte der Angelegenheit anscheinend auf den Grund gehen. «Ja, und wennse da nich anne sind?»

Verdammich! Sie hatte mich kalt erwischt. Ich wusste es nicht! Wohin gehörten Schuhe, wenn sie nicht an den Füßen waren? Es blieb mir nichts anderes übrig, als sie mit dem jämmerlichen Versuch einer Gegenfrage aus dem Konzept zu bringen und sie zu einer Replik zu veranlassen, die mich der Antwort näher bringen täte. Ich breitete also die Arme aus und sagte laut und deutlich und mit großen Augen und ebenso großer Geste: «Ja, wennse da nich anne sind, wo höan die denn dann hin?!»

Doch Oma ließ sich nicht aufs Glatteis führen. Sie

stemmte die Hände in die Hüften, wobei die Kittelschürze sich nichts anmerken ließ und jeglichen Faltenwurf verweigerte, und sagte: «Jenau das hab ich grad jefracht.» Und wartete.

Mistekiste.

Ich ließ die Arme sinken. Nun konnte der Angelegenheit bloß noch mit Logik beigekommen werden. In meinem Kopf ratterte es so laut, dass man es draußen hören musste.

Ausschlussverfahren! Wenn Oma fragte, wohin die mittig im Flur platzierten Schuhe gehörten, wenn man sie nicht an den Füßen trug, mussten die mittig auf dem Flur platzierten Schuhe auf jeden Fall an ebenjenen Platz *nicht* gehören. Also antwortete ich: «Auf jeden Fall gehören sie nicht mittig auf den Flur.»

«Jenau», sagte Oma.

Punkt für mich. Ich lächelte erleichtert.

Doch Oma war noch nicht zufrieden: «Also? Wo höan die hin?»

Mein Lächeln fiel in sich zusammen, mein Kopf knickte nach vorn. Ich sah auf meine unbeschuhten Füße hinab, und mir wurde klar, ich kam um die Wahrheit nicht länger drum herum. Betroffen und leise und traurig gab ich zu: «Ich weiß es nicht.»

«Auf jeden Fall nicht mittig aufn Flur», wusste Oma.

Das wussten wir jetzt. Dass sie da falsch waren.

«Nächstes Mal, wenn ich die ausziehe, dann stell ich sie auf jeden Fall auf keinen Fall mittig auf den Flur.»

«Jut», sagte Oma und wandte sich zum Gehen.

Jetzt allerdings wollte ich doch noch die Antwort wissen: «Und wo höan die jetzt hin, Oma?»

Oma drehte sich zu mir um, sah mich erst streng an, schüttelte dann sachte den Kopf, wieder diesen mir allzu bekannten Blick im Gesicht, eine Mischung aus Mitleid und Misstrauen, und sagte: «Das is ja woh chanz klar, wo die hinhöan!»

Sie deutete mit dem Zeigefinger in Richtung Schuhe. «Woanders!»

Ach so!

Oma war so schlau. Dass ich da nicht von selbst drauf gekommen war! Ich schlug mir mit der flachen Hand vor die Stirn und sagte vorwurfsvoll: «Dass ich da nicht von selbst drauf gekommen bin!»

«Jau», sagte Oma, das würde sie auch wundern, dass ich da nicht von selbst drauf gekommen sei, aber wundern würd sie bei mir ja schon lange nichts mehr, und damit ging sie in die Küche.

Ich räumte meine Schuhe nach woanders und pfiff dabei eine kleine Melodie.

Wie war ich darauf gekommen? Und woher kannte ich die? Ach ja!

FLÖTTKERN

W illi Tödheide war immer am Flöttkern. Sobald er die
Straße überquert hatte und durchs Tor trat, fing er
an zu pfeifen.

«Fuüü – fü, fü, fü, fü, fü, fü!»

Der erste Pfiff war etwas länger und schraubte sich über
seine Dauer hinweg eine grobe Oktave nach oben, die
folgenden sechs Pfiffe waren kurz und alle gleich lang und
tonhöhentechnisch auf ebenjenem zuvor erreichten Ton. Es
klang ein bisschen so, wie wenn man Hühner zum Futter
ruft.

«Puuuutt – putt, putt, putt, putt, putt, putt!»

Als hätte jemals irgendjemand Hühner zum Futter rufen
müssen! Die kamen doch schon angelaufen, wenn die bloß
sahen, dass man mit Futter angelaufen kam. Ich entschied
damals, dass dieses Putt-putt-putt-Gerufe nur einer dieser
verzweifelten Versuche des Menschen war, mit Tieren zu
kommunizieren. Das Tier machte, was es sowieso machte,
und der Mensch glaubte, es täte es wegen ihm oder seiner
Ansprache. So ein Blödsinn! Außerdem hatten Hühner ja
nicht mal Ohren, das sah doch jeder.

Willi Tödheide war ganz schlecht zu Fuß. Er hatte irgendwas mit der Hüfte und deshalb immer einen Stock an

seiner Seite. Wenn er ging, sah es immer ein bisschen so aus, wie wenn Elvis tanzte. Nur dass Elvis schneller tanzte und Willi Tödheide im Vergleich unglaublich langsam. Mit seinem fröhlichen Flöttkern kündigte er also schon von weitem an, dass er uns gleich besuchen käme. Also bald. Also irgendwann heute noch. Wenn's gut lief.

«Fuüü – fü, fü, fü, fü, fü, fü!»

Oma, Üttchen und ich konnten Willi zwar nicht sehen, hörten ihn aber aus der Ferne nahen. Wir saßen im Hof, und die beiden hatten gerade angefangen Erbsen auszukrüllen. Das ist, wenn man die kugelrunden grünen Bewohner aus ihren länglichen grünen Schoten befreit und anschließend beides nach Form sortiert: die runden ins Töpfchen, die schlanken ins Kröpfchen. Ich saß daneben und half. Ich öffnete eine Schote und warf einen Blick hinein. Die sahen aus wie Vater, Mutter, Kind, Kind, Kind, Kind, Kind … Wäre Üttchen noch etwas kleiner gewesen und grün und ohne Ecken, hätte man meinen können, das sei ihre Familie. Was gar nicht so abwegig gewesen wäre, denn Üttchen hatte zehn Geschwister.

«Fuüü – fü, fü, fü, fü, fü, fü!»

«Willi kommt», sagte Üttchen.

«Jau», sagte Oma. «Habbich jehöat. Ich wette, der kommt erst umme Ecke, wennwa mitte Erbsen feddich sind.»

«Das wett ich auch!», sagte Üttchen.

So wetteten die beiden immer. Oma sagte: «Ich wette …», und dann kam irgendwas, und Üttchen sagte: «Das wett ich auch!»

Zwei Jahre vorher hätte ich beinahe mal gefragt, um was sie denn wetten würden, sie hätten ja gar keinen Einsatz genannt, was ich dann aber nach kurzem Nachdenken sein ließ. Mir war aufgegangen, dass sie ja dasselbe wetteten. Immer. So würden sie natürlich immer beide gewinnen und brauchten keinen Einsatz. Und keine der beiden musste sich ärgern. Das war ja schlau! Auf der anderen Seite konnten natürlich auch beide verlieren und bekamen dann auch nichts vom jeweils anderen. Das war ja dumm! Aber sie hatten ja auch um nichts gewettet. Das war dann wieder schlau!

«Fuüü – fü, fü, fü, fü, fü, fü!»

Das Flöttkern war noch genauso weit entfernt wie eben. Also Willi auch. Oma und Üttchen waren mit den Erbsen schon durch und gingen dazu über, die Pflaumen zu entsteinen. Ich war noch bei meiner vierten und letzten Schote, hatte aber immer bloß die Behausungen aussortiert, die Bewohner waren in meinem Mund verschwunden. Ich hatte ganze Familien verspeist.

Oma sagte: «Ich wette, Willi kommt erst umme Ecke, wennwa mitte Pflaumen feddich sind.»

«Das wett ich auch!», sagte Üttchen.

So langsam Willi ging, so schnell redete er. Nämlich enorm schnell. Üttchen vermutete, mit dem einen würde er das andere kompostieren. Was immer das heißen mochte. Auch wechselte er gern das Thema. Und das ohne Vorwarnung oder Atempause. Wenn man nicht genau aufpasste, konnte es sein, dass man plötzlich thematisch in China neben einem umgefallenen Sack Reis stand und keine Ahnung hatte, wie man dort hingekommen war, geschweige denn eine Ahnung hatte, wie man von dort wieder nach Hause kommen sollte.

Oma sagte dazu: «Der kommt auch von Hüssken auf Stüssken!»

Didi kam auf dem Mofa in den Hof gerollt. Oma sah kurz auf und fragte: «Na? Warste wieder auf Jück?»

«Jau», sagte Didi. «Aber jetzt muss ich tanken, haste ma zehn Mark?»

«Tanken, tanken!», sagte Oma. «Haste doch chestern erst!»

Didi hielt sich kurz den Zeigefinger auf die Lippen und sah gen Himmel. Er schien zu überlegen. Dann sagte er: «Nee, habbich nich.»

«Ach so», sagte Oma. «Na jut. Weißt ja, wo's liejen tut, ne?»

Und Didi war so schnell im Haus verschwunden, wie er gekommen war.

«Fuüü – fü, fü, fü, fü, fü!»

Das Flöttkern schien nun etwas lauter zu sein, als es eben noch gewesen war. Anscheinend war Willi Tödheide tatsächlich auf dem Weg in den Hof.

Als Didi plus Scheinchen wieder aus dem Haus trat, fragte Oma: «Haste Willi jesehen?»

«Jau», sagte Didi. «Habbich eben auffa Einfahrt überholt. Der is aufm Wech, sachta.»

«Jut», sagte Oma. «Hammwa uns schon jedacht.» Sie pulte einen Wurm aus der aktuellen Pflaume, entschied für sich und alle anderen, der Rest sei noch gut, und gab ihn Didi zum Aufessen.

Der wollte aber nicht und sagte: «Nee!»

Und dann sagte Oma den Satz, den ich und alle anderen schon oft von ihr hatten hören müssen und welcher stets mit der Nachdrücklichkeit eines Schimpfwortes ausgesprochen wurde und keinerlei Widerspruch duldete und auch nicht zuließ: «Das is Vitamine!»

Didi schob sich die Restpflaume geschlagen in den Mund, kaute und schluckte und setzte sich aufs Mofa.

«Fährste jez wieder auf Lititi?», fragte Oma.

«Nee», sagte Didi. «Ich fahr zun Tanken, und dann helf ich die Sylvie mitten Bienenkörbeaufstellen. Oben an Waldrand. Die Sylvie is jez nämlich Imke!»

Oma, Üttchen und ich blickten einander kurz an, dann sagte Oma: «Passte auf, dasde dich nich verführst, ne?»

«Nee», sagte Didi, «kenn ich wie meine Wespentasche!»

«Apropos fahren», sagte Oma, richtete sich im Stuhl auf und sah Didi plötzlich streng an. «Frittchen Derberg hat jesacht, du seist letztens vorbeijefahren und abjebogen und hättest nicht jeblinkt!»

«Frittchen Derberg», sagte Didi und lächelte leise. «Die sacht viel, wenn der Tach lang is.»

Doch Oma ließ nicht locker und wurde lauter: «Warum haste nicht jeblinkt?»

«Na, weil ... äh ...» Didi wurde auch laut. «Geht niemanden was an, wo ich hinfahn tu! Da! Sssst!» Und damit ließ er das Mofa an und war so schnell verschwunden wie er gekommen war.

«Fuüü – fü, fü ... Oha! Pass doch auf, wode hinfahn tust!»

Das Flöttkern und die Stimme schallten bis in den Hof, doch noch immer war von Willi Tödheide nichts zu sehen.

Oma besah sich die letzte Pflaume aus dem Korb, dann schob sie sich diese in den Mund und aß sie auf. Üttchen zog die Wanne mit den Kartoffeln etwas näher zu sich und fing an, diese zu schälen. Oma nahm ebenfalls eine Kartoffel heraus, um sie nackig zu machen, dann sagte sie: «Ich wette, Willi kommt erst umme Ecke, wennwa mitte Kartoffeln feddich sind.»

«Das wett ich auch», sagte Üttchen.

Ich war gedanklich noch bei Schnecke-Tödheide, welcher in diesem Moment samt Stock an den Garagen entlangstöckelte, und bei den Bienen und den Wespen, da hörte ich, wie Biggi Banda fragte: «Na? Wie nennt man eine sehr, sehr langsame Hummel?»

Und Banda antwortete: «Weiß ich nich!»

Und Biggi sagte: «Na, Bummel!»

Und beide haben sie gelacht. Und ich auch.

Oma rollte bloß mit den Augen, konnte sich ein kleines Lächeln aber nicht verkneifen. Üttchen sah mich bloß verstört an, sagte aber nichts.

Meine Großcousine kam aus dem Haus, baute sich vor Oma auf und streckte ihr den Arm entgegen. In der Faust hielt sie ein Bündel grüner Stangen mit Blättern dran. Oma sah auf das Grün, dann ins Gesicht meiner Großcousine, dann zurück aufs Grün, dann fragte sie: «Sollich damit?»

Und meine Großcousine: «Mama hat gesacht, ich soll dir die Hälfte von dem Blumenstrauß abgeben!»

Oma atmete aus, so als sei sie gerade eine sehr lange Treppe hinaufgestiegen, dann sagte sie: «Danke schön. Lech ma zuhe Schoten. Passt ja farblich. Und nächst Mal trennste den Strauß längs und nicht quer.»

«Na gut», sagte meine Großcousine, legte die Stängel zu den leeren Erbsenbehausungen und ging wieder rein.

«Fuüü – fü, fü, fü, fü, fü, fü!»

Willi Tödheide war noch immer auf dem Weg. Oma hatte mal gesagt, der Weg sei das Ziel. Ich hatte darüber nachgedacht und entschieden, dass das ja doof wäre, wenn das so wäre. Dann würde man ja ständig glauben, man sei schon da, obwohl man eigentlich noch unterwegs war. Und dann würde man einfach dableiben, weil man ja denken würde, man sei angekommen, aber dann würd man ja nie ankommen. Aber dann wüsste man ja auch nicht, dass man noch nicht angekommen war, denn man würde ja denken, man sei schon am Ziel. Und dann hatte ich entschieden, dass das doch nicht so doof wäre, wenn das so wäre, denn dann bräuchte man ja viel weniger weit laufen und dann dächte man ja, man sei schon angekommen, und der Weg zurück wäre dann auch nicht so lang.

Willi Tödheide sagte ganz oft «Hätte-wenn-Sätze». Er erzählte zum Beispiel, er *hätte* ganz bestimmt damals beim Hundertmeterlauf gewonnen, *wenn* er denn teilgenommen hätte. Was ich bezweifelte.

Oder: Er *hätte* ganz sicher die Wahl zum Mister Universum gewonnen, *wenn* er denn da gewesen wäre. War aber wohl verreist.

Oder: Er *hätte* ganz sicher einen Führerschein, *wenn* er denn damals einen gemacht hätte. Das hätte sogar können sein.

Mit diesen verpassten Möglichkeiten füllte er ganze Stunden. Wenn ich ihm dabei zuhörte, was alles hätte passieren können, wenn was passiert wäre, war ich immer ganz fasziniert: Was für ein aufregendes Leben er gehabt hätte! Wenn irgendwas passiert wäre. Stark!

Die Kartoffeln waren schon lange durch, und auch die Wäsche vom Morgen hatte Oma gerade von der Leine genommen, als Didi auf den Hof rollte und schluchzend vom Mofa sprang. Er meinte, er hätte Bienenstich mitgebracht, aber leider könnten wir kein Stück davon abhaben, und damit verschwand er im Haus.

Später am Abend saßen Oma, Üttchen und ich in der Küche beim Abendbrot und blickten alle drei kauend hinaus in den Hof. Von Willi Tödheide war noch immer keine Spur. Oma sagte: «Ich wette, Willi kommt heut nich mea.»

Und Üttchen sagte: «Das wett ich auch!»

Eine Stunde später saßen wir alle drei vorm Fernseher. Es lief *Zum Blauen Bock*. Wie aus dem Nichts heraus fing Üttchen schallend an zu lachen: «Ha, ha, ha, ha, haaa!»

Im Fernsehen war nichts Lustiges gewesen. Wäre für mich bei dieser Sendung auch völlig neu gewesen. Auch sonst hatte keiner von uns was gesagt. Was war passiert? Außerdem hörte man sonst eigentlich nichts, wenn Üttchen lachte. Sie wackelte dann bloß. Jetzt aber war sie lauter als der Fernseher. Was um alles in der Welt war passiert?

Oma und ich sahen sie verwirrt an, dann sahen wir uns verwirrt an, dann sahen wir mit demselben Blick wieder zu Üttchen.

«Ha, ha, ha, ha, haaa!» Üttchen zog mit der einen Hand ihr Taschentuch aus der Kittelschürze, schob mit der anderen Hand die Brille hoch und damit auch ein Stück weit ihre Perücke nach hinten und tupfte sich die Tränen aus den Augen: «Ha, ha, ha, ha, haaa!»

«Was is los?», fragte Oma.

Doch Üttchen war kaum zu bändigen. Sie lachte lang

und ausgiebig, tupfte und trocknete ihr Gesicht und schnäubte sich, und als schließlich das Lachen zu Heulen und das Heulen zu Winseln geworden und einigermaßen abgeklungen war, sah sie uns an und sagte völlig außer Atem: «Bummel!»

PRIMA DAUMEN

Oma hatte die Gabe, in die Zukunft zu sehen. Ganz oft sagte sie Sätze, die kurze Zeit später genau so passierten. Zum Beispiel einmal nach dem Mittagessen – Oma stand bereits in der Kochecke, die gleichzeitig die Abwaschnische war, und wusch ab, wir anderen saßen noch sitt und satt am Esstisch –, da sagte sie zu Didi: «Cheste ma zu Else rüber und machste die Stalltür heile! Nimmste Marco mit!»

Und tatsächlich gingen Didi und ich kurze Zeit später zu Else rüber, um die Stalltür heile zu machen. Verrückt!

Ich fragte mich immer, woher Oma wissen konnte, was passieren würde, und fragte sie sogar einmal danach, und Oma hatte gelächelt und geantwortet, das sei Begabung. Und ich hatte gesagt, dass ich auch gern irgendwann einmal so begabt wäre wie sie. Ich musste an den Jungen aus dem Sesamstraßenfilm denken, der nix konnte. Der wollte sich nicht bei seinem Freund auf den Fahrradsattel setzen, denn er wusste schon, dass er sich da bloß wieder die Hose schmutzig machen würde. Außerdem hatte er den total bekloppten Vornamen Gernot, und wenn seine Familie ihn so nicht rief, dann rief sie ihn Pechvogel. Aber ab und an sang er dieses Lied *Nein, nein, nein, so will ich nicht mehr sein!*, und dann probierte er irgendwas, was aber am Ende nicht klappte, etwas wie Abwaschen, wobei ihm dann ein Kristallschälchen kaputt ging, oder Einkaufen, wonach ihm allerdings ein Kilo Mehl und sechs Eier auf dem Nachhauseweg auf die Straße fielen, weil er einhändig nicht Roller fahren konnte. Was ein Döspaddel! Seine Mutter hatte sich bereits irgendwie mit seiner Beschränktheit abgefunden und entschuldigte seine Fehlgriffe ihm gegenüber damit, dass er wohl zwei linke Hände hatte.

Ich erinnere mich, dass ich, während der kleine Film lief, nach unten auf meine Hände schaute und überlegte, ob ich nicht vielleicht auch zwei linke Hände hatte. Dann müsste ich die beiden ja umbenennen in Biggi und Biggi oder Banda und Banda. Da ich aber nicht wusste, wo rechts und wo links war, verschob ich die Namensänderung auf unbestimmte Zeit.

Auf jeden Fall kam Pechgernot dann irgendwann an einem Schrottplatz vorbei, und der Schrottplatzmann fragte ihn, ob er sich nicht ein paar Mark verdienen wollen würde. Der Schrottplatzmann kannte den Gernot ja gar nicht, also wusste er nicht, was für ein Trottel der war. Gernot hat sich dann vom Glanz des Geldes verführen lassen und zugesagt, und der Schrottplatzmann hat zu ihm gesagt, er müsse jetzt mal kurz weg, und Gernot solle währenddessen die Lampen aus den alten Autos rausbauen. Und dann saß Gernot also mit dem Schraubenzieher am Kotflügel und drehte die Schrauben raus, und nix passierte. Also nix Schlimmes. Er konnte das voll gut! Und abends kam er dann nach Hause und hatte von seinem Geld sechs neue Eier und ein Kilo Mehl gekauft, und seine Eltern saßen am Abendbrottisch und konnten nicht glauben, was er ihnen auftischte. Und als Gernot am nächsten Tag wieder auf dem Schrottplatz rumschraubte, weil er das so gut gemacht und gleich einen Folgeauftrag bekommen hatte, hockten die Eltern hinterm Zaun und beobachteten ihn heimlich und wunderten sich, dass ihm der Schraubenzieher nicht aus der Hand fiel, denn eigentlich war Gernot doch immer doof wie 'ne Schippe Sand gewesen.

Und als hätte Oma gewusst, an was ich just in diesem Moment dachte, und es hätte mich auch gar nicht gewundert, wenn sie es wirklich gewusst hätte, denn immerhin war sie ja sogar in der Lage, in die Zukunft zu sehen, sagte sie: «Irgendwas kann jeder!»

Und ich antwortete darauf, das mochte ja sein, aber ich hätte noch nichts gefunden, wo ich wirklich begabt drin wäre, und Oma sagte, das hätte sie bei mir leider auch noch nicht gefunden, und ich erwiderte dann, dass es aber gut sein könnte, dass meine große Stunde noch käme, wenn mir endlich mal jemand auf dem Schrottplatz Geld anbieten würde.

Oma hatte mich wieder mit diesem etwas verstörten Blick, irgendwo zwischen Mitleid und Misstrauen, angesehen und gesagt: «Die Hoffnung stirbt zuletzt.»

Ich hatte daraufhin einen Moment lang darüber nachgedacht und dann gesagt, dass, wenn ich so darüber nachdenken würde …

«Sosste doch nich!»

… dann wäre es doch sehr traurig, wenn die Hoffnung zuletzt sterben würde, denn dann würde sie ja alles andere überleben, also auch mich, und dann wär ich schon tot, aber die Hoffnung noch quicklebendig, und dann hätte ich von der Hoffnung ja gar nichts mehr, und dann wäre ich ja ein hoffnungsloser Fall. Und Oma antwortete, ja, das habe sie sich bei mir auch schon das ein oder andere Mal gedacht, aber jetzt solle ich mal rausgehen und nachgucken, ob der Milchwagen nicht gleich kommen würde. Dauerte dann aber noch zwei Stunden.

Als Oma prophezeit hatte, dass Didi und ich sehr bald zu Else rübergehen würden, um die Stalltür heile zu machen, hatten Didi und ich uns im ersten Moment fragend angesehen. Denn wir mussten erst mal überlegen, wer denn Else war.

Üttchen hatte das mitbekommen und uns auf die Sprünge geholfen: «Frau Scholz meintse!»

Ach so!

Frau Scholz! Na klar! Mir war bis zu diesem Zeitpunkt gar nicht bewusst gewesen, dass Frau Scholz auch einen Vornamen hatte, und Didi erst recht nicht. Wir kannten Frau Scholz bloß als Frau Scholz. Jeder kannte Frau Scholz bloß als Frau Scholz. Ich glaube, Oma war die Einzige, die Frau Scholz mit Vornamen anredete.

Frau Scholz wohnte schräg gegenüber auf der anderen Straßenseite. Sie war eine sehr kleine, sehr freundliche Frau mit einer sehr leisen, vornehmen Stimme. Und ihre Sprache und somit Aussprache hörte sich irgendwie anders an als unsere. Ich glaube, dieses Vornehme und diese Andersartigkeit waren es, die uns alle veranlassten, sie respektvoll mit «Frau Scholz» anzusprechen. Und außerdem hieß sie ja auch so.

Ich hatte Oma einmal gefragt, ob Frau Scholz denn Holländerin oder Ausländerin sei oder beides, da ihre Aussprache so seltsam war, aber Oma hatte geantwortet, nein, Frau Scholz komme aus Ostpommern. Pommerland. Und da würd man halt so reden.

Ach so.

Ich hatte daraufhin wissend genickt. Über Pommerland war ich informiert. Das war abgebrannt. Gut, dass Frau Scholz rechtzeitig hergefunden hatte. Wie es da wohl aussehen mochte? In Pommerland? Wahrscheinlich alles schwarz und dampfend. Ganz schlimm also. Obwohl … Didi war auch schon oft in die Küche gekommen und hatte gesagt, er sei abgebrannt. Aber der sah eigentlich nur ein bisschen schlimm aus. Also so wie immer.

Nachdem Oma das gesagt hatte, hatte ich wieder diesen Ohrwurm vom Käfer im Ohr: «Maikäfer flieg! Der Vater ist im Krieg.» Und ich überlegte, was der Vater von dem Maikäfer wohl im Krieg machte. Und warum der Maikäfer jetzt losfliegen sollte. Und wohin? Auch in den Krieg? Nach Südfrankreich? Zu Omas erstem Mann und Üttchens Haaren und Onkel Günthers appen Bein, die ja auch alle im Krieg geblieben waren?

Und dann waren da ja noch die anderen beiden Zeilen: «Mutter ist in Pommerland. Pommerland ist abgebrannt.» Total traurig! Wenn die Mutter vom Maikäfer in Pommerland war und Pommerland abgebrannt war, dann bedeutete das ja, dass die Mutter nicht mehr rechtzeitig wegfliegen konnte und deshalb auch abgebrannt war. Genau wie Didi! Und wenn man so aussah wie Didi, wenn man abgebrannt war, und das als Mutter von einem Maikäfer, dann hatte man es ganz gewiss nicht leicht im Leben. Traurig. Dass man so was singen tut. So eine schöne Melodie und so ein schlimmer Text. Ein ähnlich musikalisch schockierendes Erlebnis hatte ich erst Jahre später wieder bei *Woman in the wall* von *The Beautiful South*.

Als Didi und ich bei Frau Scholz ankamen, sagte ich als Erstes zu ihr, dass mir das wirklich sehr leidtäte, das mit dem Maikäfer und seiner Familie, und fragte vorsichtig nach, ob sie sich denn sehr nahe gestanden und gut gekannt hätten. Frau Scholz lächelte nachsichtig und etwas verwirrt und antwortete, es gehe um die Tür von einem der Hasenställe.

Ach so!

Frau Scholz hatte nämlich ganz, ganz viele süße Häschen: weiße, braune, graue, schwarze. Die wohnten zweistöckig in langer Reihe, und wann immer ich wollte, durfte ich zum Füttern kommen, denn Frau Scholz behauptete, die müssten alle groß und stark werden und deshalb schön viel essen.

Ich sagte, dass sie mir in klein und niedlich eigentlich viel besser gefallen würden, denn dann seien sie ja kleiner und niedlicher, aber Frau Scholz sagte, dass sie ihr in groß und fett besser gefallen würden, denn dann seien sie ja größer und fetter, und man hätte mehr zum Koch... äh ... Kraulen! Je größer, desto mehr Fell, desto flauschiger! Umso mehr könne man kraulen! Das sei doch schön!

Das sah ich dann auch ein. Wer Häschen so sehr lieb hatte und so gern kraulte wie Frau Scholz, der war natürlich froh, wenn die Häschen ordentlich viel und viele waren.

Frau Scholz erzählte uns, dass der Dicke Danzig jetzt bereits viermal abgehauen sei, weil sein Schieberiegel kaputt sei, also der von seinem Stall, und das sei «nich so scheen», denn der Dicke Danzig säße dann immer mümmelnd im Salatbeet, und das sei «nich so scheen», denn sie würde den Salat und den Dicken Danzig gern nacheinander und nicht gleichzeitig … Aber zurück zum Thema, der Schieberiegel sei kaputt, und wahrscheinlich müsse da ein neuer dran, denn so, wie es jetzt sei, sei es «nich so scheen».

«Ich weiß, was wa machen!», sagte Didi, und Frau Scholz und ich sahen ihn erwartungsfroh mit hoch gezogenen Augenbrauen an, und Frau Scholz fragte: «Ja?»

«Machen wa 'n neuen dran! Da! Sssst!», sagte Didi stolz, lächelnd und nickend. Und Frau Scholz, lächelnd und nickend, sagte, das sei eine ganz wunderbare Idee, und sie hätte den neuen Riegel und entsprechendes Werkzeug schon vor den Stall gelegt. Wir sollten nur aufpassen, dass der Dicke Danzig während beschlossener Reparatur des Schlosses sich nicht wieder entschließen würde zu fliehen, denn die Gittertür sei jetzt bloß mit einem Einmachglasgummi gesichert. Und Didi sagte jau und zog mich mit sich Richtung Stall.

Als Didi den alten Schieberiegel abgeschraubt hatte – ich stand zwei Meter hinter ihm, hielt Arme und Beine ausgebreitet wie ein Torwart in froher Erwartung und hatte die Aufgabe bekommen, falls der Dicke Danzig versuchen sollte zu fliehen, mich auf ihn zu stürzen –, kam Frau Scholz um die Ecke und fragte, ob wir vielleicht eine Wasserwaage brauchen täten, aber Didi winkte ab und sagt: «Brauchen wa nicht! Machen wa so prima Daumen!»

Frau Scholz nickte bloß freundlich und zog wieder ab.

Didi sah mich an, gluckste und fragte leise und hochamüsiert: «Was sollen wa denn mit 'ner Wasserwaage? Siehste hier irgendwo Wasser, was wa wiegen könnten?»

Ich sah mich um. Nirgends kein Wasser in Sicht. Er hatte recht. Was für eine bekloppte Frage. Ich lachte mit ihm.

«So», sagte Didi. «Jetzt kommt der britische Moment! Ich tu jetzt das Gummi abmachen, und dann kann sein, dass der Fette Fehmarn links neben mich durchflutschen tut, und dann kommst du ins Spiel!»

«Der Dicke Danzig», sagte ich.

«Jau», sagte Didi.

Und ich: «Wo ist links?»

Und Didi: «Da wo gleich der Hase kommt.»

Und ich: «Ist recht!»

Und Didi: «Bisse bereit?»

«Jau!»

«Uuund …» Didi hantierte. «Gummi ab! Da! Sssst!»

Die Stalltür schwang auf, der Flauschhaufen saß genauso da wie zuvor. Völlig unbewegt. Er starrte uns an.

«Was glotzt 'n der so?», fragte sich Didi. «Kann woh schlecht gucken, hä? Krich ihm ma 'ne Möhre. Is jut füre Augen.»

Ich krichte dem Dicken Danzig eine Möhre aus dem Korb, hielt sie ihm hin und fragte nach: «Gut für die Augen?»

«Ja, sicher!», sagte Didi und gluckste. «Oder haste schon mal 'n Hasen mit Brille jesehen?»

Stimmt, dachte ich. Hatte ich nicht. Didi hatte nicht nur recht, der hatte auch Argumente!

Die Möhre wurde kürzer und kürzer und verschwand nach und nach in dem grauen Flauschberg. Didi schraubte den neuen Schieberiegel an, und bis er fertig war, waren noch drei weitere Möhrchen im Häschen verschwunden.

«Was heißt das eigentlich», fragte ich, «machen wa so prima Daumen?»

«Guckste zu!», sagte Didi, legte den Schraubenzieher beiseite, hielt einen Daumen hoch und peilte über dessen Spitze einäugig den neuen Schieberiegel an. «Damit guckt man, ob's jenau so grade is, wie der Daumen grade is», antwortete er, immer noch peilend.

«Und?», fragte ich.

«Isses», sagte Didi.

«Und wenn's mal nich so grade is wie der Daumen?», fragte ich.

«Dann machste den Daumen 'n büschen schräg», sagte Didi. «Dann isses grade.»

Ach so.

Das sei ja eine ganz prima Methode, um herauszufinden, ob etwas grade sei, sagte ich. Und Didi sagte jau, das sei es, und deswegen würde das ja auch «prima Daumen» heißen, denn der Daumen sei dafür ganz prima geeignet.

Völlig überraschend und absolut unerwarteterweise sprang direkt am Ende dieses Austauschs technischer Finessen der Dicke Danzig aus seinem Käfig. Hoppel-di-Poppel!

Ich sah noch im Augenwinkel aus dem blauen Blauen heraus das graue Grauen auf mich zufliegen, da fiel ich auch schon rücklings zu Boden und wurde unter etwas begraben, das zwar die Fluffigkeit von Omas Federbett, jedoch das Gewicht von Üttchen hatte. Es drückte mir jeglichen Sauerstoff aus dem Brustkorb, und ich wurde kurzzeitig ohnmächtig. Hoppel-di-Poppel!

Als sich Sternchen und Häschen verzogen hatten und ich wieder zu Sinnen kam, schaute mir Didi schockiert ins Gesicht und sagte ziemlich aufgeregt: «Der Mächtige Malmö is abjehauen! Komm hoch, wir müssen den kriegen, bevor Frau Scholz das mitkricht!»

Ich rappelte mich auf, war aber noch zu verwirrt. Wer oder was war abgehauen? Der Kugelige Kaliningrad?

«Du suchst da lang, ich … Da! Sssst!», sagte Didi und war so schnell verschwunden wie das Häschen. Ach ja, das Häschen! Wie hieß das noch gleich? Der Stramme Stockholm? Der Pummelige Peenemünde? Der Satt-Pralle Sankt Petersburg? Ich wusste es nicht mehr. Ich schüttelte den Kopf, auf dass mein Gehirn wieder an die richtige Stelle rückte, da stand Frau Scholz plötzlich vor mir.

«Äh-ähm …», stotterte ich und machte sogleich beidarmig eine präsentable Geste in Richtung neuem Schieberiegel: «Fertich!»

Frau Scholz sah hin und nickte fröhlich und anerkennend und fragte freundlich: «Und wo is därr Dicke Danzig?»

Ach ja! So war der Name! «Och», sagte ich versucht locker. «Der is mit Didi Gassi.»

Ich überlegte, dass man den Satz auch falsch verstehen konnte, und hatte kurzzeitig das Bild im Kopf, wie das Häschen Didi an der Leine hatte und zu ihm sagte, jetzt solle er aber mal schön das Beinchen heben und ordentlich laufen lassen, nicht dass es zu Hause wieder so ein feuchtes Missgeschick gäbe wie letztens an der Stehlampe im Wohnzimmer, aber wie immer lächelte Frau Scholz bloß freundlich und ließ mich mit sanfter Stimme wissen, dass sie nun Kartoffeln «scheelen» und aufsetzen und danach noch einmal vorbeischauen würde, um sich bei Didi und mir angemessen zu bedanken. Ich versuchte mich ebenfalls an einem Lächeln, hob den Arm und winkte in der Hoffnung, ihre Abreise damit zu beschleunigen. Und tatsächlich ging sie auch.

Ich fand Didi am unteren Ende des Gartens, panisch suchend, durchs Salatbeet hüpfen: «Die hat doch jesacht, der frisst hier immer den Salat, aber hier issa nich!» Didi ging ziemlich nervös hin und her, und mir ging es auch nicht besser. «Was machen wa denn jez?!»

Ich rekapitulierte laut die Situation. Frau Scholz würde gleich nach den Kartoffeln zurückkommen, sich vom ordnungsgemäßen Zustand des dünnen Schieberiegels und des Dicken Danzigs überzeugen und uns danken und dann zurück in die Freiheit entlassen. Danach hätten wir alle Zeit der Welt, in aller Ruhe, ganz flott, das Häschen zu suchen. Wir bräuchten bloß für diesen einen Moment ein Alibi-Häschen. Die anderen Häschen kämen nicht in Frage, denn die seien nicht so grau, das würde sofort auffallen, fügte ich an.

Didi schoss die Schwitze in die Achseln, während er überlegte: «Was is klein und dick und grau?»

Üttchen, in ihrer grauen Kittelschürze, zierte sich zuerst, uns diesen Gefallen zu tun, aber wir versicherten ihr, es würde nur einen ganz kurzen Moment dauern, und dann würden wir sie auch gleich wieder befreien. Ehrlich! Außerdem gäbe es umsonst etwas zu essen.

Das Argument zog.

Nachdem Didi und ich Üttchen in den Stall geholfen, ihr drei Möhrchen in die Hand gedrückt und sie mit dem

Rücken Richtung Tür gedreht und diese verriegelt hatten, sagte Didi, er hoffe, dass Frau Scholz nicht so gute Augen habe, und ich sagte, das sei gut möglich, denn sie verfüttere ja all ihre Möhrchen immer an die Häschen, und das beruhigte ihn.

Kurz darauf kam Frau Scholz und hatte tatsächlich nicht so gute Augen. Sie besah sich den neuen Schieberiegel und den vermeintlichen Dicken Danzig und sagte, das sei ja «scheen», wie der mümmeln würde, dem würd's wohl schmecken, so laut habe sie den ja noch nie schmatzen hören, das sei ja «scheen», und dann bedankte sie sich bei uns und drückte Didi zwei Mark in die Hand und sagte, die sollten wir uns teilen, und Didi sagte, er werde die für mich gut weglegen, für schlechte Zeiten, und dann griff Frau Scholz in ihre Kitteltasche, holte etwas heraus und steckte es durch die Löcher im neuen Schieberiegel und drückte zu.

Klack!

Ein nigelnagelneues Vorhängeschloss.

Huch!

Didi und ich zuckten zusammen, gleichzeitig sackte uns das Blut aus dem Gesicht in die Füße.

Frau Scholz zog den Schlüssel ab, ließ ihn in ihrer Kitteltasche verschwinden und sagte, jetzt sei der Dicke Danzig auf der sicheren Seite der Stalltür, und wir alle könnten nun ganz sicher sein, dass der nie wieder abhauen würde, das sei ja «scheen». Und dann schob sie uns gen Heimat und wünschte uns noch einen «scheenen» Tag.

Wir überquerten die Straße, Didi sagte sehr verzweifelt: «Was machen wa denn jez?!», und raufte sich ausgiebig die

Haare. Ich sah Schwitzekrüstchen in seinen T-Shirt-Achseln, umringt von feuchten dunklen Ringen.

Ich sagte zu ihm, dass, wenn wir nicht auffliegen wollten, uns bloß eine Möglichkeit bliebe, nämlich dann, wenn Frau Scholz schliefe, also in der Nacht, den Schieberiegel samt Schloss wieder abzuschrauben und Üttchen zu befreien, und Didi sagte: «Ich weiß, was wa machen!»

Ich sah ihn erwartungsfroh an: «Ja?»

«Wir schrauben Scholzens Schieberiegel wieder ab! Heut Nacht!»

Ach so?

Das sei ja eine prima Idee, ließ ich ihn wissen und wollte wissen, wie er da denn drauf gekommen wäre, und Didi sagte, das sei Begabung, die hätte er von Oma. Ich wollte dann noch von ihm wissen, ob er denn wisse, wo hier eigentlich der nächste Schrottplatz sei, wusste er aber nicht.

Beim Abendbrot wunderte sich Oma dann, wo Üttchen abgeblieben sei. Auch zu ihren sieben Zwischenmahlzeiten sei sie nicht erschienen, das komme ihr jetzt irgendwie spanisch, wenn nicht sogar portugiesisch vor. Didi behauptete, er habe sie zuletzt hinten am Hoftor gesehen, da habe sie noch gesagt, sie wolle mit Willi Tödheide kurz spazieren gehen.

«Na, das kann dauern», sagte Oma.

Und Didi sagte: «Jau.»

«Ich wette, die kommt erst wieder, wenn's dunkel is», sagte Oma.

Und ich sagte: «Das wett ich auch.»

Als wir dann in der Nacht den Schieberiegel wieder abschraubten und die Stalltür aufmachten, blickte uns Üttchen mümmelnd und verständnislos entgegen. In beiden Fäusten hielt sie mehrere Dutzend Möhrchen. Frau Scholz musste ihr Nachschub gebracht haben. Sie sagte, sie sei noch nicht fertig mit Essen, ob wir später noch mal vorbeikommen könnten. Konnten wir.

Am nächsten Morgen kam Frau Scholz zu uns rüber und sagte zu Oma, das werde sie ihr jetzt sicher nicht glauben, aber der gerissene Dicke Danzig habe doch tatsächlich mitten in der Nacht mit dem Schraubenzieher den Schieberiegel abgeschraubt und sei geflohen.

«Och», sagte Oma. «Das is ja 'n Deubel!» Und schickte hinterher, dass das aber jetzt nicht *so* besonders sei, dass der Danzig geflohen sei, denn aus Danzig seien ja viele geflohen. Sie, Oma, werde aber die Augen offen halten und Bescheid geben, wenn das Häschen irgendwo auftauchen würde, und sei es aus dem Feuerwehrteich, und Frau Scholz lächelte wie immer freundlich und sagte, das sei ja «scheen», und ging.

UNSICHTBAR

Üttchens graue Kittelschürze, mit der wir Frau Scholz erfolgreich getäuscht hatten, wäre Üttchen fast einmal zum Verhängnis geworden.

Sie kam eines Vormittags in die Küche und berichtete uns, sie habe heute Morgen, ganz früh, den ausgelesenen Gemeindebrief zu Willi Tödheide rübergebracht, und als sie auf dem Rückweg wieder die Straße überqueren wollte, sei sie doch beinahe von einem Auto überfahren worden.

«Och», sagte Oma. «Da hasse abba Glück jehabt.»

«Jau», sagte Üttchen.

Ich überlegte, dass der Autofahrer ganz sicher größeres Glück gehabt hatte.

Üttchen erzählte weiter, das sei ihr die Tage schon mal passiert, wieder frühmorgens, als sie die ausgelesene Landeszeitung zu Hebrocks rübergebracht hatte.

«Wieder mitten Auto?», fragte Oma.

«Jau», sagte Üttchen.

«Vielleicht war's die gleiche Kanallje», vermutete Oma, doch Üttchen sagte: Nee, das hätte sie erkannt, obwohl es ja noch fast dunkel gewesen sei.

Oma sah Üttchen an und fragte mit dem gleichen kritischen Blick, den Derrick immer im Fernsehen anhatte: «Was haste denn anjehabt?»

«Gleiche wie jez», antwortete Üttchen.

«Na dann», sagte Oma, «kommt das ja nich von unjefähr. Die hamm dich nich jesehen!»

«Meinste?»

«Ja, sicher! Der Morgen noch an Grauen und du inna grauen Kittelschürze! Die hamm dich nich jesehen!»

«Meinste?»

«Ja, sicher!» Oma schien sich sicher.

Üttchen schob die Unterlippe vor, schmollte ein wenig und sagte dann ein bisschen trotzig: «Aber das is meine Liebste!»

«Das mach sein», sagte Oma. «Aber wennde die noch 'n büschen tragen wisst, dann musste auch ma was anderes anziehen.»

«Meinste?»

«Ja, sicher! Büschen was mit Farbe.»

«Biste sicher?»

Und Oma nickend: «Das mein ich wohl!»

So kam es, dass Oma und ich an diesem Tag wieder einmal mit dem Neckermann, Omas Fahrrad, nach Knetterheide zum Damenoberbekleidungsgeschäft fuhren. Auf der Suche nach einer farblich andersfarbigen Kittelschürze als Morgengrauen.

«Schaffste, Oma!»

Die Dame im Damenoberbekleidungsgeschäft, die Oma schon lange Jahre kannte, sagte: «Ich bin nicht sicher, ob die Sechsnvierzich reicht. Und in Achtnvierzich hammwa nur noch eine da.»

«Einpacken!», sagte Oma.

Und so kam es, dass Üttchen am Nachmittag dieses Tages eine nigelnagelneue Kittelschürze trug. In Kanariengelb. Sie passte Üttchen wie angegossen. Und wenn ich schreibe, wie angegossen, dann meine ich, wie angegossen. Ein Faltenwurf war nicht zu entdecken.

Üttchen stand vor dem Spiegel im Flur und besah sich. «Hatten die nix mit Blumen?»

«Das is ja mit Blume», sagte Oma, die danebenstand. «Eine große Osterglocke.»

Ich, der ebenfalls danebenstand, überlegte noch, dass das ja ein feiner Spitzname für Üttchen wäre, wenn sie nicht schon einen hätte, da ging es auch schon weiter: «Is das nich zu jelb?» Üttchen schien noch unsicher.

«So 'n Quatsch», sagte Oma. «Haste schon mal 'ne Osterglocke jesehen, die nicht jelb is?»

«Nee.»

«Sisste!», sagte Oma bestätigend und zuppelte fachmännisch einmal kurz am Ärmelloch. Die Kittelschürze bewegte sich kein Mü.

«Steht dich chanz ausjezeichnet», sagte Oma. «Passt auch jut zu deinen Täng! Und da kannste sogar mitten inne Nacht mit übere Straße jehen.»

«Aber da schlaf ich immer.»

«Musste ja nich! Nur wennde wisst.»

«Nee.»

Üttchen drehte sich ein bisschen, besah sich dann im Halbprofil, was aber optisch keinen Unterschied machte. Von keiner Seite aus. Sie schien noch immer nicht ganz sicher: «Is das nich zu jelb?»

«Is ja füre Sicherheit, ne?»

«Biste sicher?»

«Ja, sicher!»

In den kommenden Wochen kam es zu seltsamen Begebenheiten.

Willi Tödheide fragte nach, seit wann mein Sandberg eine Wanderdüne sei und laufen könne.

Tante Hilde rief an und sagte, sie sei die Tage mit dem Fahrrad vorbeigerollt, wann wir denn den großen Busch umlackiert hätten.

Onkel Helmut rief ebenfalls an und fragte Oma, warum denn neuerdings so oft das Postauto bei uns auf der Einfahrt stünde.

Oma antwortete Onkel Helmut seltsam heiser: «Der Bote hat zu tun.» Und legte auf. Den anderen empfahl sie einen dringenden Besuch beim Augenarzt.

Üttchen fühlte sich im kanariengelben Kittel pudelwohl. Er mache sogar ein bisschen schlank, wenn man nicht so genau hingucke, sagte sie und trug ihn oft und gern.

Einige Wochen später zog die Stute Hamburch ihren Besitzer, Onkel Gustav, auf seiner Kutsche in den Hof. Nach einem kurzen Begrüßungswacholder erzählte er Oma, bei ihm vorm Haus sei letztens ein Laster vorbeigefahren, direkt vorm Haus, und der habe hinten offen gehabt, also der Laster, und dann sei ihm, also dem Laster, was von der Ladefläche gepurzelt, genau bei ihm vorm Haus! Verrückt, oder?

Oma tat ihm den Gefallen und fragte: «Was wird das woh jewesen sein?»

«Sieben Eimer Wandfarbe. Chanz frisch!»

«Nee, ne?»

«Ja, lüch ich denn?»

Tat er tatsächlich nicht. Onkel Gustav machte Oma ein unwiderstehliches Angebot, inklusive Anlieferung. Oma widerstand trotzdem und machte Onkel Gustav ein «für ihn besseres» Angebot und erzählte uns anderen im Haus, so günstig sei noch keine Fassade zu Farbe gekommen. Als Onkel Gustav und Hamburch die Eimer anlieferten, sah ich, wie drei Flaschen Wacholder den Besitzer wechselten, und hörte Onkel Gustav sagen: «Laster sind aller Laster Anfang.»

Und Oma sagte: «Der Anfang vom Ende.»

Und beide haben sie gelacht.

Und so kam es, dass das bis dahin stets mausgraue Haus von Oma in der Woche drauf einen nigelnagelneuen Anstrich bekam. Nämlich in Kanariengelb.

Das Gerüst war bereits abgebaut, aber die Farbe noch nicht ganz getrocknet, da trat ich in den Hof, erschrak stumm und blieb wie angewurzelt stehen. Neben mir vor der Hauswand schwebte auf Augenhöhe eine Perücke. Ganz langsam zog sie ihre Bahn entlang der frischen Fassade. Ich blickte ihr staunend hinterher. Dann dachte ich für einen kurzen Moment, das Haus würde sich ausdehnen, dann dachte ich, es bekäme einen monströsen Pickel, dann dachte ich, es kalbt, und dann dachte ich: Ach so!

Es war Üttchen in ihrem kanariengelben Kittel auf dem Weg in den Gemüsegarten. Erst als sie nicht mehr vor der Hauswand entlangging, erkannte ich klar ihren würfeligen Umriss. Vor der Wand war sie wegen Gleichfarbigkeit von Haus und Täng und Kittel nicht zu sehen gewesen. Bis auf die Perücke. Sie war also nahezu unsichtbar.

Faszinierend!

Ich lief zu Oma und berichtete von dem sehenswerten Schauspiel, welches ich soeben beobachtet hatte. Anscheinend so plastisch, dass Oma sagte, das würde sie jetzt aber mal mit eigenen Augen sehen wollen, und mit rauskam. Üttchen stand am Rand des Gemüsebeets und beobachtete die Gurken. Wie die wachsen taten.

Oma rief: «Komma hierhin!»

Üttchen drehte sich etwas verwirrt zu uns, kam dann aber folgsam angerollt. Ich führte Oma zu dem Punkt im Hof, von dem aus man die Illusion besonders gut betrachten konnte.

Oma sagte zu Üttchen: «Cheh ma anna Wand lang!»

Üttchen stutzte und fragte: «Wieso?»

Oma wurde ungeduldig: «Sach ich dich dann! Nu cheh ma!»

Üttchen schaute etwas verwirrt, bewegte sich aber wie gewünscht vorwärts. Als sie die Hauswand erreichte, verschmolz sie von unserem Stand- und Blickpunkt aus visuell mit ebendieser. Auch ihr Gesicht und der Ausdruck darauf waren nicht mehr zu erkennen. Lediglich die falschen Haare hoben sich ab, und nun schien es, als wären diese völlig allein unterwegs.

«Dunnerschlach!», sagte Oma, ganz offensichtlich begeistert von der geisterhaften Erscheinung. «Das is ja besser als wie Fernsehen!»

Ich flocht ihr bei. Und merkte an, das sei doch so gut, das täte doch bestimmt ein jeder sehen wollen, und das sah Oma ganz genauso.

Sie setzte Üttchen daraufhin über ihre magischen Fähigkeiten in Kenntnis und verlangte von ihr bedingungslose Zusammenarbeit. Außerdem forderte sie Üttchen auf, vor der Wand herzugehen mit einhergehenden, spontanen Richtungswechseln, was die ganze Sache noch spannender machen würde, als sie ohnehin schon sei.

Üttchen war schon nach nur zwei Proberunden sehr aus der Puste und verlangte nach einer Sitzmöglichkeit. Oma ließ einen Stuhl mit der übrig gebliebenen Farbe kanariengelb anstreichen, und nach einem weiteren Versuch kamen wir überein, dass Üttchen darauf ruhig eine kurze Ruhepause einlegen dürfe, denn der Illusion tat dies keinen Abbruch, die schwebende Perücke blieb nach wie vor auf Augenhöhe.

In den nächsten zwei Wochen lief Üttchen vor der Hauswand hin und her, denn der Zauber hatte sich in Windeseile rumgesprochen, und Groß und Klein aus ganz Aspe und ganz Knetterheide und auch ganz Lockhausen wollten sich dieses magische Spektakel nicht entgehen lassen. Selbst Onkel Helmut kam vorbei, aber trotzdem er auf familiäre Verhältnisse verwies, musste er sich hinten an der Schlange anstellen, denn sie könne ja hier keinen bevorzugen, auch wenn er ihr Schwager sei nicht, das müsse er ja wohl einsehen, ließ Oma ihn einsehen. Und als er weg war, sagte sie leise: «Na, den lieb ich ja.»

Ich stand zwei Wochen lang an einem Stand am Tor. Neben mir stand ein Schild, auf dem stand: «Die fliegende Frisur!» Und ganz klein darunter stand, ebenfalls zwei Wochen lang: «Nur noch heute!» Um es dringlicher zu machen. Ich nahm von jedem fünfzig Pfennig Eintritt, und wir machten damit eine gute Mark. Und nicht nur eine.

Meine Eltern waren sehr stolz auf mich, wegen der prima Idee, und sagten zu mir, sie würden mich deswegen jetzt mit einem Brüderchen belohnen wollen. Ich sagte, och, das täte wirklich nicht not, aber trotzdem danke für das Angebot, ich wüsste, es sei gut gemeint, aber Papa sagte, es sei längst bestellt. Bereits auf dem Postweg.

Ach so.

Mist.

SIEHT AUS WIE POSTBOTE

Wie meine Eltern sich kennenlernten, ist schnell erzählt: Mama war immer mit dem Chef vom Mofa-Club zusammen, und als Papa dort Chef wurde, halt mit ihm. Papa ritt auf seiner Maschine wild durch die lippischen Berge, Mama saß hintendrauf und hielt ihn fest, auf dass er nicht runterfiele. Das ist bis heute eigentlich genauso geblieben.

Während eines dieser Ritte muss ich wohl passiert sein: Die beiden unerfahren fahrend auf unbekanntem Terrain, auf schlängelndem Weg durch neues Gelände, ohne Helm und Nierenschoner Orte besuchend, an denen beide zuvor noch nie waren. Was weiß denn ich!?

Mama machte die Schule zu Ende, Papa ging zur Bundeswehr, beide fingen eine Lehre an, ich blieb bei meiner Urgroßmutter Martha.

Für mich schlicht «Oma».

Nachdem meine Eltern ausgelernt hatten, besorgten sie sich ihre erste eigene kleine Wohnung, und wir zogen in einen Wohnblock nach Ehrsen, einen Stadtteil von Bad Salzuflen. Mama war Frisöse, und Papa machte in Gas-WasserScheiße. Ich durfte das letzte Wort davon nicht sagen, aber als Berufsbezeichnung war es anscheinend in

Ordnung. Was mich dazu veranlasste, im Folgenden gern mit ebenjener Berufsbezeichnung zu fluchen: «So eine Gas-WasserScheiße!»

Um Variationen nicht verlegen, fluchte ich dann und wann auch mal mit anderen Berufsbezeichnungen: «So eine gottverdammte Wurstthekenbedienstete!»

Oder: «Sieht aus wie Postbote, riecht wie Postbote, ist wohl Postbote.»

Oder: «Ach, du heilige Kindergärtnerin!»

Besonders der letzte Ausspruch, verbunden mit einem äußerst freundlichen Lächeln, steigerte meine Beliebtheit bei meinem Aufsichtspersonal im evangelischen Kindergarten um die Ecke enorm.

In diesem Kindergarten traf ich dann auch auf meine erste große Liebe. Sehr frühe Kollaborationen mit dem gegnerischen Geschlecht waren mir, genetisch bedingt, in die Wiege gelegt worden. Und alles, was in meiner Wiege lag, wurde selbstverständlich angefasst, probiert und geschmacklich getestet, ob es mich auf den Geschmack brachte.

Dass kurz danach eine noch größere erste, *wirklich* große und grüne Liebe in mein Leben treten sollte, wusste ich zu jenem Zeitpunkt ja noch nicht.

Sie hieß Jessica
hatte braunes Haar,
und als ich sie sah,
war es wunderbar.

Wir waren drei Jahre fest zusammen. Als wir uns trennen mussten, also bereits die Hälfte unseres jungen Lebens.

Und wer kann schon von sich behaupten, die Hälfte seines Lebens mit ein und derselben Frau verbracht zu haben? Ich.

Kurz vor Ende der Kindergartenzeit zogen ihre Eltern nach Detmold, und Jessica musste blöderweise mit. Während unserer Kindergartenzeit allerdings tauschten Jessica und ich zu Beginn jedes Kindergartenbesuchs und ebenso am Ende jedes Kindergartenbesuchs ein Küsschen. Sie bekam eins von meinen und ich eins von ihren. Das war durchaus fair.

Die anderen Kinder lachten uns natürlich aus oder tuschelten giggelnd über uns, oder beides, aber das war uns völlig egal. Ich saß in der Puppenecke und ließ mir imaginären Tee einschenken und mich mit unsichtbaren Plätzchen verwöhnen, und Jessica war Lieutenant Uhura, wenn wir Jungs Star Trek spielten. Meist war ich natürlich Captain Kirk, aber am liebsten Mr. Spock. Dann konnte man den ganzen Tag «Faszinierend!» sagen und brauchte keine schwerwiegenden Entscheidungen bezüglich Außerirdischer fällen. «Ach, du heilige Kindergärtnerin, das ist ja faszinierend!»

Der Kindergarten hatte irgendwann kalkweiße Bauklötze erworben in der Größe echter Klinker. Mit diesen ließ sich flott eine kopfhohe Mauer um uns herum errichten, die in ihrer Schlichtheit und Trostlosigkeit durchaus an die originalen Star-Trek-Raumschiffwände erinnerte. Die blinkenden Lämpchen stellten wir uns einfach vor.

«Ich sehe es hinter Ihrem Rücken bereits seit zwei Minuten rot aufleuchten, Commander, und Sie haben noch immer nichts getan, außer Ihr Frühstücksbrot zu essen, verdammte GasWasserScheiße!»

Manche Tage verbrachten wir vollständig vollständig eingemauert inmitten dieser weißen Klötze. Was waren das für schöne Zeiten!

HINTER DER MASKE

Hatte Jessica Geburtstag, war ich selbstverständlich eingeladen, und hatte ich Geburtstag, war selbstverständlich sie eingeladen. An einem dieser meiner Geburtstage wollte ich eine Gesichtsmaskenparty veranstalten und zu diesem Zweck mehrere Gesichtsmasken aus meiner Gesichtsmaskensammlung zur freien Verfügung stellen. Alle stammten aus Zeitschriften oder waren bei Beilagen aus Zeitschriften dabei oder waren von Karneval über, waren also irgendwo irgendwann mal maschinell erstellt oder gedruckt worden.

Für Jessica allerdings erschienen mir diese Produkte von der Stange bei weitem zu profan. Für sie, und nur für sie, wollte ich in alleiniger Eigenleistung ein Unikat, ein Original, eine in ihrer Einzigartigkeit einzigartige Gesichtsmaske kreieren. Eine Maske, die auch inwärts ihrem alabasternen Antlitz Respekt zollte.

Außen entschied ich mich für Monster.

Ich nahm ein Blatt Papier, schnitt es gesichtsrund und dann noch zwei Löcher für zum Durchgucken hinein und klebte einen Strich dunkles Papier als Mund genau zwischen die Augenlöcher und auf die Stirn orangefarbenen Langhaarplüsch als Frisur. Der Rest blieb weiß. Hui! Das sah wirklich unheimlich aus! Wie ein echtes Monster. Und das Beste daran: So eine Maske hatte es noch nie gegeben und würde es hochwahrscheinlich auch nie wieder geben. Die Frage, wie diese Unheimlichkeit am Kopf halten sollte, beantwortete ich mit einem langen Flitzegummi. Na gut, das lief auch vorne quer über die Maske, aber das tat der Unheimlichkeit in meinen Augen keinen Abbruch, im Gegenteil.

Apropos Augen. Als problematisch stellte sich am Geburtstag der Abstand zwischen den beiden Gucklöchern heraus. Er war zu groß, was dazu führte, dass Jessica nach Anlegen der Maske wenig bis gar nichts sehen konnte und den ganzen Nachmittag ständig überall gegen lief, was dazu führte, dass sie schon nach einer halben Stunde so aussah, als wäre sie ordentlich verkloppt worden, was dazu führte, dass ich sie den ganzen Nachmittag an der Hand halten und führen musste. Nicht die schlechteste Maske.

Meine anderen Freunde waren sich einig: Die Maske war wirklich unheimlich! Nämlich unheimlich GasWasserScheiße!

Beim Topfschlagen war Jessica dann im Vorteil, denn sie brauchte keine Augenbinde. Ebenso bei Blindekuh.

Danach durften sich die Gäste Spiele aussuchen, und mein Freund Jens wollte unbedingt Doktorspiele machen, aber ich winkte ab: «Nicht schon wieder!»

Dann waren Kuchenessen und Safttrinken dran. Jessica saß zwar mit uns anderen am Tisch, ich hatte sie zu ihrem Platz geleitet, aber beides war ihr mit dieser ungeheuerlichen Maske unmöglich. Wir machten ein Spiel daraus und ließen sie anhand unserer Schmatz- und Strohhalmgeräusche erraten, wer denn was gerade essen oder trinken würde.

So hatten alle ihren Spaß.

Als ich sie zum Abendessen von dieser Einzigartigkeit befreite, wirkte sie dehydriert, hatte einen hochroten Kopf und sogar zwei, drei Hitzepickel. Ich sagte ihr, es täte mir sehr, sehr leid, das hätte ich nicht gewollt, dass ihr schönes Gesicht wegen der Ungeheuer-Maske einen solch ungeheuerlichen Schaden nehmen würde. Und Jessica sagte leise zu mir, das mache nichts, sie habe die Maske nur für mich getragen. Und ich sagte leise zu ihr, das sei gut, denn ich hätte die Maske nur für sie gemacht. Und dann tauschten wir ein Küsschen.

Unserer Liebe also tat diese Maskerade keinen Abbruch, denn wir hatten uns ja bereits zuvor mehrfach und oft tief in die Augen geschaut und dort des jeweils anderen wahres Ich erkannt, und danach war es egal, welch Maske wir auch immer trugen, denn wir hatten ja längst dahinter gesehen.

Aus ebendiesen Augen, in die wir einst tief blickten, verloren wir uns nach Jessicas Umzug. Sie lebte in der Hauptstadt, ich weiterhin auf dem Land. Sie in Detmold, ich in Bad Salzuflen. Uns trennten Welten – und fünfundzwanzig Kilometer.

Einmal danach sahen wir uns noch, es war bei einem familiären Ausflug zum Hermannsdenkmal. Aber da kam es nicht zum Äußersten, da unsere Eltern ja dabei waren. Papa erklärte uns allen, dass das das Denkmal von Hermann dem Cherusker sei. Also dem Urvater aller Lipper. Der habe nämlich damals den fiesen Römern, die unbedingt ganz Lippe erobern und besetzen und somit haben wollten, mit der Faust die Stirn geboten. Und natürlich mit dem Schwert, das da drin war, in der Faust. Und damit alle Römer ordentlich verwämst und nach Hause geschickt. Und so sei Lippe immer Lippe geblieben. Wie es sich gehöre.

Als Jessica wissen wollte, warum das Denkmal denn Denkmal heiße, sagte Papa: «Denkmal drüber nach!»

In dem stählernen Mann, der mit einem Arm das Schwert in die Höhe reckte, habe man vor Jahren noch bis ganz nach oben in den Kopf gehen können, wusste Papa, und durch das Nasenloch nach unten sehen können. Aber dem Hermann seien die vielen Besucher zu Kopf gestiegen, und dann, eines Tages, hätte er Erkältung gehabt und geniest, und dann sei ein Besucher, der gerade aus dem Nasenloch geguckt hatte, von dort oben runtergefallen. Und seitdem sei das zu gefährlich, und so dürfe man heutzutage leider nicht mehr bis in den Kopf hoch.

Als Jessica wissen wollte, was dem Mann passiert sei, der aus dem Nasenloch gefallen war, sagte Papa: «Denkmal drüber nach!»

An ungeraden Tagen übrigens, so erzählte Papa weiter, trage der Hermann das Schwert in der linken Hand und an geraden Tagen in der rechten. Denn das Schwert sei ja ziemlich schwer, deswegen heiße das ja auch Schwert, und das könne man natürlich nicht ständig mit demselben Arm in die Höhe recken. Nicht mal der Hermann. Wenn man sehr großes Glück habe, und auch nur dann, könne man manchmal spätabends den Schwertwechsel beobachten.

Wir Kinder starrten interessiert und ehrfürchtig am Hermann empor. Jessica wollte gerade etwas fragen, da sagte Papa: «Denkmal drüber nach!»

Kurz nach diesem Ausflug stellten die Eltern von Jessica die Kommunikation mit meinen Eltern ein.

Warum, weiß ich nicht.

Noch oft nach unserer gemeinsamen Zeit dachte ich an unsere gemeinsame Zeit zurück. Bevorzugt in einsamen Nächten, in denen ich wach lag und nicht einschlafen konnte. Wegen Monstern. Mir fiel dann immer diese eine Maske ein und wer dahinter gesteckt hatte, und schon war das Monster nicht mehr so unheimlich und ich am Lächeln.

KALTGETRÄNKE

Der Zufall ... Nee ... Eine glückliche Fügung ... Nee ... Der pure Trieb, ja, der war es, der uns zwölf Jahre später wieder aufeinandertreffen ließ. Mit diesem Satz und auch dem vorangegangenen Bericht über Jessica habe ich die Pointe eigentlich schon vorweggenommen, aber die Geschichte ist einfach zu gut, als dass sie nicht erzählt werden sollte:

Es war das Jahr, in dem ich achtzehn wurde, ganz am Ende der achtziger Jahre. Ich war noch nicht achtzehn, aber einige meiner Freunde schon. Und die durften auch schon Auto fahren. Dieser ungeheuerliche mobile Vorteil führte dazu, dass wir unseren Radius auf der Suche nach braven, gesitteten, wohlerzogenen jungen Damen räumlich ausweiten konnten. Bekanntschaften mit dem Gegenteil davon nahmen wir billigend in Kauf, solange es nicht zu teuer wurde. So also suchten wir die Diskotheken der umliegenden Ortschaften auf, um uns ein Bild zu machen und im Bilde zu sein, denn Bildung wurde bei uns großgeschrieben.

Es war außerdem die Zeit, in der man sich mit Nachnamen anredete. Nicht immer, aber meist. Meine mobilen Freunde hießen Vogel (genannt Bört) und Voelzke (genannt Tom) und Grieger (genannt Grieger).

An irgendeinem Wochenende hatte ich keine Zeit und konnte nicht mitfahren, wusste aber, dass meine Freunde das Hunky Dory, eine Diskothek in Detmold, besuchen wollten. Nicht das von heute, sondern das von gestern, schräg gegenüber vom heutigen Arbeitsamt, wo damals aber noch kein Arbeitsamt war.

Am Montagmorgen in der Schule kam Grieger auf mich zu und schwärmte von einem Mädchen, das er am Wochenende entdeckt hatte. In Detmold. Im Hunky Dory. Sie sei sooo hübsch und sooo klug und sooo schön gewesen und das Beste: Sie sei wohl Single. Er habe auf jeden Fall niemanden ausmachen können, mit dem sie dort gewesen sei. Also keinen Jungen.

Ob er denn mit ihr gesprochen habe, wollte ich wissen, und er sagte nein, aber er habe intensiven Blickkontakt mit ihr gehabt. Mit Lächeln. Woher er denn dann wissen könne, ob sie klug sei, wollte ich wissen, und Grieger behauptete, das habe man sehen können. Schließlich habe sie ihm zugelächelt. Und nur ihm. Das habe er genauestens beobachtet.

Ich wand ein, dass sie ja vielleicht eine Spastik in den Mundwinkeln habe, mit so was sei nicht zu spaßen, aber das könne schon mal der Grund sein für unkontrollierten Spaß in den Backen.

Grieger ging gar nicht darauf ein, ließ bloß wissen, dass er unbedingt am nächsten Wochenende auf jeden Fall wieder dorthin müsse. Da führe und gehe kein Weg dran vorbei. Und dann werde er sie auch ansprechen, denn sie sei wirklich äußerst ansprechend gewesen. Und ich müsse mit. Denn *die* Frau müsse ich gesehen haben! Mit eigenen

Augen! Ich sagte, dass mich das jetzt doch sehr neugierig gemacht hatte und somit zu.

Am nächsten Wochenende schlugen wir also in diesem Schuppen auf. Alle vier, komplette Besetzung. Natürlich nicht sofort nach Öffnung, sondern zur «Cool-People-Zeit». Wenn schon was los war. Der Laden bereits auf Betriebstemperatur lief. Wobei Grieger die Zeit bis dahin doch recht lang wurde, er sich aber mit Mut machenden Kaltgetränken und Schwärmereien über ebenjenes Mädchen zu helfen wusste.

Nach lang anhaltendem Anstehen, der Nachteil der «Cool-People-Zeit», denn zu dieser liefen ja alle auf, betraten wir das randvolle Veranstaltungsgebäude.

Grieger griff nach meiner Hand, seine Handinnenfläche war schweißnass. Er nickte mir nervös zu, und ich wusste, was er wollte. Nonverbale Kommunikation vom Feinsten, antrainiert unter harten Dezibelbedingungen. Seine Absichten waren allerdings auch nicht schwer zu erraten, da wir in jeder Lokation immer das Gleiche machten, nämlich eine Runde um die randvolle Tanzfläche drehten.

Das Problem an der Sache: Grieger war der Einzige, der wusste, nach wem wir Ausschau hielten. Einer der beiden anderen war zwar an besagtem Wochenende auch dabei gewesen, hatte allerdings nicht fahren müssen und konnte sich deshalb an nichts erinnern.

Ich derweil konnte nichts anderes tun, als ab und an irgendwohin zu deuten und nachzufragen. Was zu recht einsilbigen Dialogen führte, wie:

«Die?»

«Ne.»

«Die?»

«Ne.»

«Die?»

«Ne.»

Nach vier Runden um die rappelvolle Tanzfläche, vorbei an rappelvollen Menschen, war es für Grieger dringend an der Zeit, ein weiteres Mut machendes Kaltgetränk zu sich zu nehmen.

Wir anderen tranken aus Solidarität mit ihm. Durst war auch im Spiel. An diesem Abend, das hatten wir bereits im Vorfeld abgeklärt, würde sowieso alles auf seine Rechnung gehen.

Grieger sah etwas traurig aus der Wäsche, sodass wir anderen versuchten, ihn mit themenbezogenen Anmerkungen bei Laune zu halten: «Vielleicht war die beim Frisör und hat jetzt andere Haare. Musste schon auch nach Andershaarigen gucken!» – «Vielleicht hatte die diese Woche 'n Fressschub und wiegt jetzt hundert Kilo mehr. Musst halt auch nach Fetten gucken. Und Lächeln nicht vergessen!» – «Die is bestimmt heute bei ihrem Freund.»

Grieger tat so, als würde er nichts davon hören, und stierte stur auf die tanzende Menschenmenge in der Mitte des Raumes.

Plötzlich weiteten sich seine Augen, und die beiden Äpfel sprangen ein Stück weit aus ihren Höhlen: «Da isse!» Er deutete mit ausgestrecktem Zeigefinger auf die Tanzfläche.

«Die?»

«Ne.»

«Die?»

«Ne.»

«Die?»

«Ne! Die da! Braune kinnlange Haare, mit dem Rücken zu uns!»

Wir anderen sahen durch die sich immer mal wieder auftuenden Lücken zwischen den Tanzenden hindurch und erblickten jemanden mit braunen, kinnlangen Haaren ziemlich genau in der Mitte der Tanzfläche. Tanzend. Mit dem Rücken zu uns.

«Bisste sicher?»

Grieger war sich sicher: «Die erkenn ich auch von hinten!»

Das sei ja gut, merkte ich an, das sei ja nicht jedem vergönnt. Wenn ich da so an Alex denken würde, der hätte ja auch gedacht, dass sei Steffi von hinten, bis Steffi dann reingekommen war und plötzlich hinter ihm gestanden hatte. Und hinter der anderen.

«Na dann, wackel mal rüber und sprich sie an!»

Grieger schluckte und sagte, er habe gerade eine total trockene Kehle, hoffentlich würde das keine Erkehltung, und orderte noch eine Runde Kaltgetränke. Dann leerte er das neue Glas in einem Zug, setzte es ab und sah uns hilfesuchend an. Nonverbale Kommunikation.

Diesen Weg konnten wir ihm nicht abnehmen, schüttelten den Kopf und sagten Sätze wie: «Du kennst doch meine Wirkung auf Frauen. Wenn ich die anspreche, verliebt die sich sofort in *mich*. Und dann stehste da!»

Oder: «Nachher is die von vorne total hässlich, und dann denken ähnliche Damen, ich steh auf so was, und alle Hässlichen kommen hier hin, nee danke.» Oder: «Ich hab Durst!»

Eine weitere Runde Kaltgetränke.

Wir alle vier schauten immer wieder rüber zum Objekt Grieger seiner Begierde. Noch immer sahen wir sie nur von hinten. Sie wackelte an den richtigen Stellen, passend zur Musik, und schien sich prächtig zu amüsieren. Augenscheinlich war sie mit einer Freundin da. Die beiden schrien sich ab und zu über den im roten Bereich pulsierenden Lautstärkepegel hinweg an.

Apropos Pegel. Kaltgetränke.

«Ich weiß nicht, was ich sagen soll», sagte Grieger betrübt, während er das sofort wieder geleerte Glas nervös zwischen seinen Fingern rotieren ließ. «Ich seh mich schon, wie ich mich durch die Menge drängel, und dann steh ich vor ihr, und dann weiß ich nix.»

«Musste dir vorher zurechtlegen!»

«Ja, und dann drängel ich durch die Menge, und dann steh ich vor ihr, und dann hab ich's wieder vergessen.»

«Musste dir Notizen machen!»

«Na sicher, und dann steh ich mit 'nem Zettel in der Hand vor der.»

«Du hast sogar schon Mädchen angesprochen mit 'nem Bier in der Hand.»

«Da kam's nicht so drauf an.»

«Ich hab Durst.»

Kaltgetränke.

Ich nahm einen Schluck Bier und sah hinüber zur Tanzfläche. Die kinnlangen Haare wirbelten herum, und ich sah ihr Gesicht. In meinem Kopf machte es mächtig «klick», aber ich konnte es nicht glauben. Nicht glauben, dass es wahr sein sollte. Dass sie es wirklich war. Ich stand starr und starrte, konnte bloß Momentaufnahmen von ihr sehen, wegen flackerndem Licht und durchs Bild tanzender Menschen. Aber es gab keinen Zweifel. Sie sah noch immer so aus wie damals im Kindergarten. Nur größer. Noch genauso wie auf meiner Geburtstagsfeier. Nur ohne Maske. Jessica. Ich war kurz davor, den anderen etwas zu sagen, dann sagte ich etwas ganz anderes: «Na gut. Ich mach's!»

Alle drei sahen mich erstaunt an. Grieger glaubte, sich verhört zu haben: «Was?»

«Ich geh hin und sprech sie an.»

«Moment, Moment, Moment!» Grieger war von einem Moment auf den anderen stocknüchtern und hellwach und legte mir die Hand auf den Unterarm, um mich und sich vor vorschnellen Handlungen zu bewahren. «Das kannste nich machen!»

«Ja, aber das wolltest du doch.»

«Ja, aber doch nicht so.»

«Ja, aber wie denn dann?»

«Ja, weiß ich doch nich! Aber doch nich einfach so!»

Ich beugte mich zu ihm rüber und sah ihm tief in die ängstlichen Augen: «Willst du sie kennenlernen, oder nicht?»

Grieger stierte mich mit offenem Mund an, dann sagte er: «Mach keinen Scheiß, okay?»

Ich richtete mich auf, grinste in die Runde. Die erstaunten Gesichter meiner mobilen Freunde blickten mich in einer Mischung aus Be- und Verwunderung an, dann sagte ich: «Jetzt guckt mal gut zu, wie das geht!» Und ging los.

Als ich auf der Tanzfläche ankam, tanzte sie wieder mit dem Rücken in meine Richtung. Ein Blick über die Schulter verriet mir, dass mich drei Augenpaare gespannt fixierten. In einem davon stand blankes Entsetzen, auch hatte es das Blinzeln eingestellt. Der Besitzer nahm noch flott einen Schluck Kaltgetränk aus dem Glas seines Nachbarn, ohne den Blick abzuwenden.

Ich wandte mich der tanzenden Tänzerin zu und tippte ihr auf die Schulter. Sie drehte sich um und blickte mich verärgert an. Ich hatte sie gestört. Da sie zwar seit damals gewachsen, aber noch immer kleiner war als ich, und sich der Größenunterschied zwischen uns mittlerweile sogar noch vergrößert hatte, beugte ich mich etwas zu ihr runter und fragte laut über die Musik hinweg: «Kennste mich noch?»

Ich richtete mich wieder auf und grinste. Sie schien verstört, sah einmal von meinem Gesicht aus an mir herab und wieder herauf, dann veränderte sich ihr Gesichtsausdruck auf einen Schlag, sie lachte auf und schrie: «Marco!» Und fiel mir um den Hals.

Die Musik ging aus.

Konfettikanonen ertönten.

Es regnete Glitzer.

Mehrere Spots tauchten unsere Körper in goldenes Licht. Und der ganze Saal machte «Ooooh!» und sah uns mit leicht geneigten Köpfen und voller Verzückung zu und an. Jessica lag in meinen Armen und ich in den ihren, und es war, als wäre seit damals keine einzige Stunde vergangen, als wären wir nie getrennt gewesen, als würden wir jeden Moment unsichtbare Kekse in einem kargen Raumschiff essen.

Ich schaute zu meinen Freunden rüber. Bört und Tom kamen aus dem Grinsen nicht mehr raus. Grieger kriegte den Mund nicht mehr zu. Nonverbale Kommunikation.

Als Jessica und ich uns schließlich ansahen, einander tief in die Augen blickten und dann alles drum herum betrachteten, sagten wir gleichzeitig und lachend, und wie aus einem Mund: «Du siehst noch genauso aus wie damals!» Das war die Wahrheit.

Und ich fügte an: «Faszinierend!»

ERNEUTE VERSUCHE

In den folgenden Wochen sah man Grieger nur noch kopf-schüttelnd durch die Gegend laufen und fahren. Und zu jedem, der es wissen und nicht wissen wollte, sagte er im-mer und immer wieder ein und denselben Satz: «Da triffst du endlich mal auf ein gesundes Mädchen und zermarterst dir stunden-, tage-, wochenlang den Kopf, wie du sie an-sprechen sollst, und dann kommt der Göllner, sagt einen Satz zu ihr, und sie fällt ihm gleich um den Hals, nee, nee, nee …» Und dann wieder dieses Kopfschütteln.

Ich von meiner Seite aus hatte gegen die kostenlose Pu-blicity nichts einzuwenden und hoffte insgeheim, es würde mit mir und den Frauen, die ich ansprechen würde, auf ewig so weitergehen. Ging es aber nicht.

Grieger und ich waren dann noch auf Jessicas achtzehn-ten Geburtstag eingeladen, und als wir dort ankamen, war ich etwas traurig, dass es keine Gesichtsmaskenparty war. Ich holte die extra mitgebrachte und eigens für sie angefer-tigte Maske gar nicht erst aus meinem Mantel. Das Mons-ter blieb da, wo es war.

Da sie noch zu Hause wohnte, traf ich nach all den Jahren auch ihre Eltern wieder. Auch meinen Eltern hatte ich von dem Ereignis berichtet, und bei beiden Familien herrschte große Freude ob des Wiedersehens. Es wäre sicherlich das nationale Ereignis des Jahres 1989 gewesen, wenn uns allen nicht kurz vor Ende jenes Jahres die Wiedervereinigung dazwischengekommen wäre.

Papa ließ über mich Jessicas Eltern ausrichten, er habe da neue Erkenntnisse bezüglich des Hermannsdenkmals, wir könnten uns doch noch mal alle gemeinsam dort treffen, sie sollten doch mal darüber nachdenken. Wollten sie aber nicht.

Aus Grieger und Jessica wurde übrigens nichts. Warum, weiß ich nicht. Vielleicht wollte Grieger einfach nicht mit jemandem zusammen sein, mit dem ich bereits schon mal mein halbes Leben lang zusammen gewesen war, denn das hätte er ja kaum toppen können.

Aus Jessica und mir wurde auch nichts. Also nichts *weiter*.

Wir wussten, dass jeder Versuch, unsere Liebe wieder anzunehmen, aufzunehmen, weiterzuführen eben genau das bleiben würde: ein Versuch. Ein verzweifeltes Aufwärmen wäre es und am Ende doch immer bloß lauwarm im Vergleich zu der heißen Leidenschaft, die uns einst durchströmt hatte, egal, wie viel Kohlen man nachschippte.

Jessica und ich sind bis heute in Freundschaft verbunden, ohne dass wir diese pflegen würden. Müssen wir nicht. Wir haben einander ja damals hinter der Maske «gesehen».

Das hält ein Leben lang.

EIN LEBEN LANG

Ein Leben lang» hört sich so lang an. Aber manchmal ist es das gar nicht: Die Mutter von Papa starb, als er vierzehn Jahre alt war. Ihr «Leben lang» dauerte bloß achtunddreißig Jahre.

Als sie ging, hinterließ sie zwei Söhne, Papa und seinen sieben Jahre jüngeren Bruder, und ihren Mann, meinen Opa.

Opa war in seiner Jugend ein sehr schöner Mann. Dunkles, etwas längeres Haupthaar, sauber gescheitelt, aber locker, nicht so streng. Elegant, im Anzug, an den Füßen immer feinstes Schuhwerk, schließlich war er Schuster, und verschmitzt lächelnd, so blickt er einem von jedem der alten Schwarz-Weiß-Fotos entgegen. Wenn man es nicht besser wüsste, könnte man meinen, er sei ein Hollywoodstar gewesen.

Der Tod seiner Frau änderte das. Die Haare wurden grau, aus den Anzügen wurden Wollpullover, und so wie Opa selbst, hatte auch sein Schuhwerk schon bessere Zeiten gesehen.

Besuche beim Zahnarzt gab er vollständig auf. Sein Ausdruck war meist nüchtern, selbst wenn er zu viel getrunken hatte, bloß das verschmitzte Lächeln war dann und wann noch zu erkennen, obwohl es in den schlaffen Wangen um den zahnlosen Mund herum kaum Halt fand.

Seinen Eltern gehörte eine Pension in Bad Salzuflen, «Haus Bismarck», in bester Lage, am Eingang der Fußgängerzone, direkt gegenüber vom damaligen Kurhaus. Seinerzeit eine der prosperierendsten Kurgastklitschen der Stadt. Heute eine wegen Denkmalschutz verfallene und vom Denkmalschutz beschützte Ruine.

Dieses Haus hatte den ersten Telefonanschluss in Bad Salzuflen. Wählte man zu jener Zeit die Eins, hob jemand ab und sagte: «Göllner!»

Als in der Stadt mehr als zehn Apparate angeschlossen waren, wurde eine Null hinten angehängt, und wählte man dann die Zehn, hob einer ab und sagte: «Göllner!»

Und als mehr als hundert Apparate angeschlossen waren, hängte man wieder eine Null hinten dran, und wählte man nun die Einhundert, hob einer ab und sagte dasselbe wie schon immer. Der Name blieb, die Nummer änderte sich. Ich selbst fand damals in einer Schublade bei Opa einen Stempel, darauf stand: «Haus Bismarck, Telefonnummer 1».

QUEEN MUM

Opas Vater starb ein Jahr nach Opas Frau. Ab diesem Zeitpunkt gehörte alles Opas Mutter, Omma Göllner. Eine seltsam kühle, leise und langsam sprechende Frau, die etwas Aristokratisches an sich hatte und sich gerne auch so gab. Sie leistete sich eine große Dachgeschosswohnung inmitten der Fußgängerzone, saß dort am Fenster und sah von oben herab. Vielleicht winkte sie auch dem unten entlanglaufenden Gesinde, mit angewinkeltem Arm und lockerem Handgelenk, aber das ist nur eine Vermutung meinerseits.

Ich erinnere, dass ich für die «Königin der Langen Straße» manches Mal einkaufen durfte. Sie war eine knallharte Geschäftsfrau. Noch bevor ich losging, kannte sie schon den zu zahlenden Gesamtbetrag für die zu erwerbenden Dinge.

Ich bekam dann sechs Mark und fünfundzwanzig Pfennige in die Hand gedrückt, eine Liste, die ich aber nur schwer lesen konnte, da sie in Sütterlin geschrieben war, und erhielt dazu die strikte Anweisung, bloß den Kassenzettel nicht zu vergessen.

Kam ich zurück, und der Einkauf hatte unerwarteterweise bloß sechs Mark und vierzehn Pfennige gekostet, was auf dem Kassenzettel überprüft wurde, forderte die Königin mich auf, die übrig gebliebenen elf Pfennige auszuhändigen.

Diese steckte Omma Göllner sodann in riesig große Glasflaschen, in welchen sie ihr Kleingeld sammelte, sortiert nach Ein-, Zwei- und Fünfpfennigmünzen. Und ich bekam für meine Dienstleistung: nix! Ein gar seltsamer Habitus für die Besitzerin einer Pension mit angeschlossener Gaststätte, die einen Teil *ihres* Vermögens sicherlich auch dem Trinkgeld verdankte. Nicht dass ich damals schon getrunken hätte, aber Durst hatte ich schon dann und wann.

Diese Gaststätte, den «Bismarck-Keller», die Souterrainebene ihrer Pension, bot sie Opa schließlich zur Bewirtschaftung an. Ein Angebot, das er annahm.

Ich erinnere mich an ein einziges längeres, ernsthaftes Gespräch, das ich mit Omma Göllner führte. Es muss in meinen frühen Teenagerjahren gewesen sein, wahrscheinlich auf irgendeiner Familienfeier. Ich wollte von ihr wissen, warum Opa, also ihr Sohn, nicht im Krieg gewesen war, und sie erklärte, dass, wenn damals bereits zwei Söhne den Dienst fürs Vaterland angetreten hatten, die anderen Söhne davon befreit waren. Anna Konradine Luise Göllner, geborene Prüssner, Jahrgang 1901, hatte vier Söhne, und die beiden ältesten, Karl-Heinz und Helmut, waren beide im Frühjahr 1944 gefallen, der eine bei Leningrad, der andere bei Proskurow. Somit wurden ihre beiden jüngeren Söhne, Opa und Erich, nie eingezogen.

Sie erinnerte sich an die Tage nach Kriegsende, als die Briten in Bad Salzuflen von Haus zu Haus gingen und alle jungen Männer mitnahmen, um zu klären, ob diese sich im Krieg irgendeines Verbrechens schuldig gemacht hatten. Als die Briten Opa mitnehmen wollten, hatte sie sich vor ihn gestellt und gesagt: «Nein!»

Der britische Oberst hatte sie daraufhin verwundert angesehen und gefragt, warum nicht. Und sie hätte Tränen in den Augen gehabt, aber den Weg ins Haus nicht freigegeben und geantwortet, dass sie zwei ihrer Söhne bereits abgegeben und keinen von beiden je wiedergesehen hätte. Nie wieder werde sie einen Sohn hergeben.

Der britische Oberst hatte genickt, ihr die Hand auf die Schulter gelegt und gesagt: «Good Mum.» Dann war er gegangen.

«Good Mum», wiederholte Omma Göllner noch einmal, als sie mir davon zu Ende erzählt hatte, und sah mir dann nicht mehr in die Augen, sondern hinab auf ihre im Schoß weilenden Hände. Es war der wahrhaftigste Moment, den wir miteinander hatten.

Da die Mütter von Papa und Mama vor dem Tag meiner Geburt bereits verstorben waren, übersprang meine Titulierung also eine Generation, und meine Urgroßmutter väterlicherseits war für mich Omma Göllner, und meine Urgroßmutter mütterlicherseits war für mich Oma. Martha habe ich nie gesagt. Immer bloß Oma. Je näher man sich ist, desto weniger Worte braucht es.

ZWEI WORTE

Opa gebrauchte von allen, die ich je kannte, am allerwenigsten Worte. Die meisten seiner Sätze waren Zwei-Wort-Sätze. So sparsam seine Mutter mit dem Geld, so sparsam war Opa mit dem Reden.

Im Nachhinein zolle ich ihm deswegen meinen allerhöchsten Respekt, denn meist war nach diesen zwei Wörtern auch alles gesagt. So effizient muss man erst mal sein! Oder werden.

Opa war kein Opa, der einem abends Geschichten vorlas. Allein deshalb schon nicht, weil er ja noch im Berufsleben stand und wegen der Gaststätte natürlich abends arbeiten musste.

Aber ich bin auch nicht sicher, ob er jemals die vielen Wörter eines Buchs, selbst die eines Kinderbuchs, hätte vorlesen, also sagen, also aussprechen können, hintereinander weg, ohne zu lange Pausen einlegen zu müssen.

Opa mochte es, die Zapfanlage zu bedienen und Musik zu hören. Diese beiden Hobbys gab er auch an seine beiden Enkel weiter. An jeden eins. Mein Bruder mochte es, die Zapfanlage zu bedienen, ich mochte es, Musik zu hören. Mein Bruder und ich haben das jeweilige Hobby bis heute beibehalten.

Ich war allerdings nicht bloß angetan von der Musik, sondern auch sehr interessiert daran, wie sie gemacht wurde, und somit stand ich ständig an der Musikbox, die in der Gaststätte stand. Wie das kleine Ärmchen sich die senkrechten Platten schnappte und sie waagerecht auf den Teller legte, wo sie das andere Ärmchen dann abspielte, war irgendwie magisch.

Faszinierend!

Obwohl doch eigentlich nichts anderes als technische Finesse. Wie viele Münzen ich der Musikmaschine in den Schlund geworfen habe, um die Tasten zu drücken, auf dass sie wieder diese ausgeklügelte Choreographie mit den Ärmchen machte, weiß ich nicht mehr. Auf jeden Fall waren es viele, und auf jeden Fall kamen sie alle von Opa. Denn in einem war Opa sehr gut, nämlich darin, Geld weiterzugeben. Damit half er anderen. Und sich selbst.

Kam man weinend zu ihm, weil man irgendwo hingefallen war, bekam man eine Mark in die Hand gedrückt, und dann ging es einem gleich wieder besser. Und Opa musste sich nicht länger das Geplärre anhören.

Als sich Papa vor meiner Geburt einmal Opas Auto geliehen hatte, um eine kleine Spritztour zu machen, hatte er dummerweise zwei Dinge völlig vergessen, nämlich einmal, dass er noch keinen Führerschein besaß, und dann am Ende der Straße, wie man noch mal bremste und lenkte. Was dem Auto und dem Zaun vom Nachbarn und dem Nachbarn selbst nicht so gut gefiel. Papa war angeblich stark geknickt, genau wie der Zaun vom Nachbarn, und der Nachbar selbst stark erregt, als beide bei Opa aufliefen.

Der war und wurde aber keins von beidem, sondern griff

lediglich in die Hemdtasche, wo immer viele Scheinchen mittig geknickt in Löffelchenstellung aneinander lagen, und sagte einen seiner bekannten Zwei-Wort-Sätze: «Zaun, Auto.» Womit er beiden mehrere Mark in Papierform in die Hand drückte und es den beiden auch gleich wieder besser ging.

Opa ließ eine feurige Emotion gar nicht erst zu, er erstickte sie mit seinem Schotter, war aber auch um Alternativen nicht verlegen.

Als einmal ein betrunkener Musiker am Ende des Abends kein Geld hatte, um seinen Deckel zu bezahlen, und knapp davor war, loszuheulen, nahm Opa kurzerhand sein Akkordeon als Pfand an und bewahrte so sich selbst und alle Anwesenden vor zu viel Rührseligkeit.

Das Akkordeon wurde nie ausgelöst und stand über viele Jahre im allerletzten Kellerraum. Freunden gegenüber hatte Opa erwähnt, dass er schon immer so eins haben wollte und irgendwann auch anfangen würde, darauf zu üben. Doch dazu sollte es nie kommen, denn Opa liebte zwar Musik, doch die einzigen Noten, die er spielen konnte, waren und blieben Banknoten.

Als ich siebzehn Jahre alt war und gerade mit Carsten und Maik und den anderen eine Rockband gegründet hatte und wir zum allerersten Mal auftraten, stand Opa direkt vor den Boxen am Rand der Bühne und beobachtete uns.

In seinem Gesicht war keine Emotion zu erkennen, bloß dann und wann sah man das verschmitzte Lächeln aufblitzen. Ab diesem Moment war es egal, wann wir auftraten, wenn es in der Nähe war, war Opa da. Stand immer direkt an den Boxen und lächelte ab und an. Bis zum Ende seines Lebens. Und am Ende eines jeden Auftritts kam er zu mir, sagte einen seiner Zwei-Wort-Sätze: «Gut gemacht!», drückte mir mit diesem einen Schein in die Hand und ging nach Hause.

Da ich also Musik betrieb, schenkte mir Opa irgendwann das gepfändete Schifferklavier. Leider war es über die Jahre im allerletzten Kellerraum völlig verstimmt, sah aber schön aus und hatte sogar eingelassene Strasssteine, und so wurde es von mir zur Dekoration im Proberaum aufgestellt.

Als er mir irgendwann kurz nach Rockband-Gründung wieder bei einem Besuch Geld zustecken wollte, sagte ich zu ihm, dass ich lieber seine Autoschlüssel hätte, um mit den Jungs eine kleine Spritztour zu machen. Er lächelte sein verschmitztes Lächeln, steckte mir das Geld in die Hose und sagte: «Vergiss es!»

GOTT UND SEIN FREUND

A propos «Vergiss es!». In dem Wohnblock, in dem wir in Ehrsen wohnten, wohnten wir im ersten Stock, und unter uns wohnte Familie Miller. Vater, Mutter, Kind.

Sohn Andi war einige Jahre älter als ich und spielte unheimlich gern mit Autos. Und lud mich auch immer dazu ein, mit ihm zu spielen. Was ich dann und wann auch tat.

Andi wusste alles über Autos. Also nicht bloß über die kleinen, die er besaß, sondern auch über die Originale. Die großen, echten. Und er teilte dieses Wissen gern mit mir, sprach von Hubraum und Zahlen und PS und Zahlen und wusste, in wie viel Sekunden das Auto von null auf hundert war. Ich wusste nur, in wie viel Sekunden Mama von null auf hundertachtzig war. In sehr wenigen.

Durch all dieses Wissen und all die Zahlen und all die Details, die der nicht müde werdende Andi immer und immer wieder wiederholte, hätte niemand auf der ganzen Welt besser und umfassender an Autos herangeführt werden können als ich, und trotzdem wollte das Fieber nicht von mir Besitz ergreifen. Mit Autos zu spielen erschien mir völlig langweilig. Autos hatten kein Gesicht. Keine Mimik, keine Gestik, keinen Charakter. Und auch keine Augen. Zumindest nicht in meinen Augen.

Biggi und Banda aber, die hatten Mimik und Gestik und Charakter! Manchmal sogar Esprit und Witz. Ich vergnügte mich also lieber mit ihnen oder mit Puppen. Und damit meine ich nicht kleine Plastikmädchen mit langen Haaren – obwohl ich auch gegen einen Besuch in der Puppenecke nichts einzuwenden hatte, was nicht bloß an meiner frühen Freundin lag, die dort viel Zeit verbrachte –, sondern ich meine: Handpuppen!

Ich liebte es, Biggi und Banda zu verkleiden. Sehr früh hatte ich ein Krümelmonster geschenkt bekommen. Es war innen völlig hohl, wie ein großer, flauschiger Waschlappen. Und diese Leere konnte man mit den Händen füllen, dann konnte es winken und reden und sogar Kekse essen. Wobei es die ja eigentlich eher zerbröselte, als dass es sie aß. Wobei Mama davon nicht so begeistert war, wenn es das tat. Wobei ich ja damit nichts zu tun hatte. Sollten die beiden sich doch streiten.

Wir sind, was wir sind, beziehungsweise werden, was wir waren. Andi wurde später Autoverkäufer, und ich spiele noch immer gern mit Puppen, stecke irgendwo die Hand rein und erwecke das Rundherum zum Leben. In meinen Zehnerjahren baute ich auch selbst Marionetten aus Pappe, Papier und Filz: ein kleines Krokodil, welches sogar den Mund aufmachen konnte, Clever und Smart, die beiden Comicfiguren.

Auch versuchte ich mich in Scherenschnitt, Schattenspiel und Stabpuppen, aber die Faszination für Handpuppen ließ mich immer wieder zu diesen zurückkehren.

Und man komme mir nicht mit Kasperletheater! Ein Finger reicht mir nicht!

Ich meine die Schaumstoffkollegen aus dem Creature Shop. Nichts in meinem ganzen Leben hätte ich lieber getan, als dort zu arbeiten. Selbst wenn die heute anrufen würden, ich würd sofort losfahren! Ich bin deren größter Fan! Und Jim Henson und Frank Oz sind für mich Gott und sein Freund.

Als es zwei Jahrzehnte später, in der Ära des Musikvideos, in unserer Rockbandkapelle darum ging, die erste Single unseres ersten Albums zu bebildern, besann ich mich auf diese Passion.

Ich baute die Bandmitglieder als Puppen nach und dazu noch etliche Statisten – ein weißes Huhn, eine schwarze Ente, eine gefährliche und augenklimpernde Hyäne, eine Schildkröte, die Trompete spielte, einen Vogel, der so fett war, dass er in einem Vogelhäuschen stecken blieb, ein Monsterbaby mit Zöpfen und Kleidchen, einen Rastafari, eine blaue Backgroundsängerin und aus einem Flokatiteppich ein Pferd, das Saxophon spielte. Alle absolut im Muppet-Stil und ebenso groß. In dem Pferd konnte man sogar sitzen.

Ich zeichnete ein Drehbuch mit allen Einstellungen, und wir verschickten es an einige Videoproduktionsfirmen, unter diesen auch Dolezal und Rossacher, die unter anderem *Rock Me Amadeus* von Falco oder *Breakthru* von Queen gemacht hatten. Die Antwort aus Wien ließ nicht lange auf sich warten. Mit der Band und dem Song könne man nichts anfangen, aber man würde gern die Puppen haben wollen für das Video eines anderen Künstlers.

Das hätte mein internationaler Durchbruch als internationaler Puppenbauer von internationalem Format sein können! Hochwahrscheinlich hätte ich sogar den Oscar bekommen und Ruhm und Geld und Anerkennung und dergleichen.

Hätte, hätte, Darmrosette!

Ich habe dem Rudi und dem Hannes von DoRo dann mit einem von Opas Zwei-Wort-Sätzen geantwortet: «Vergesst es!»

KINNWASSER

Trotzdem wir nun in Ehrsen wohnten, war ich weiterhin oft in Aspe bei Oma. Denn Mama und Papa mussten ja arbeiten oder weiterhin Spritztouren durchs lippische Bergland machen oder zu zweit meinen Bruder tragen oder, oder, oder, oder ...

Ich kletterte derweil in Omas Stube vom Sessel auf das Sofa, danach ein kleines Stück über den Tisch auf Omas Nähstuhl, und von dort brauchte es dann einen ziemlich weiten Sprung hinüber zu dem anderen Sessel. Den musste man unbedingt schaffen, sonst war man tot. Denn der gesamte Fußboden bestand aus flüssiger Lava.

In Spielen.

Zweimal hatte ich diesen Sprung bereits nicht geschafft und war elendig verbrannt. Bei lebendigem Leib von der Heißigkeit angeleckt und aufgefressen worden. Es war ein langer, qualvoller, schmerzhafter Tod, der verbunden war mit lang gezogenen, qualvollen, schmerzerfüllten Schreien, welche schließlich zu einem Blubbern verebbten und kurz danach völlig verstummten, weil mir die Lava in den Mund geflossen war.

In Spielen.

Üttchen kam rein und fragte: «Wird hier jeschlachtet?»

«Nee», antwortete ich. «Ich bin nur grad gestorben.»

«Och, schade», sagte Üttchen. «Da habbich die Schreie jehöat, da is mir gleich das Wasser im Mund zusammenjelaufen. Mach ich denn jez damit?» Und ohne eine Antwort meinerseits abzuwarten, tupfte sie sich mit ihrem Taschentuch den Speichel aus den Mundwinkeln.

Ich starrte auf ihre Puschen. Die standen direkt in der Lava. Wie konnte sie diesen Schmerz bloß aushalten?

«Menno!» Der Lüllefluss war noch nicht versiegt. Im Gegenteil. Üttchen tupfte und trocknete noch immer und immer heftiger. «Habbich richtig Kinnwasser jekricht.»

In diesem Moment kam Oma rein, blickte uns abwechselnd an, sah Üttchen mit dem Taschentuch im Gesicht und mich auf ihrem Nähstuhl stehen und fragte: «Was haste mit Üttchen jemacht?»

«Nix!», sagte ich. «Das Schreien war ich. Ich bin gestorben. Und Üttchen hat Kinnwasser gekriegt, weil sie dachte, hier würd geschlachtet.»

«Ach so.» Oma winkte ab und konnte sich ein Lächeln nicht verkneifen. «Ich dacht schon, hier wär was nich normal.»

Ich merkte noch an, dass sie nun beide bereits bis zu den Knien in Lava steckten und ihre Stützstrümpfe sich ihnen schon in die Haut eingebrannt hätten, da sagte Üttchen leicht verzweifelt: «Das höat janich wieder auf!»

Ihre Stimme war etwas dumpf, weil sie von hinter dem Taschentuch hervorkam. Der Stofffetzen war bereits klitschnass.

«Marco, krich ma 'n Eimer ausse Diele!», befahl Oma.

«Aber die Lava!», wand ich ein.

«Eins nach 'n andern», sagte Oma streng. «Jez ersma Eimer! Aber zackig!»

Ich überlegte kurz, dass das ja wohl Quatsch war. Welcher Eimer war denn schon zackig? Die waren doch alle rund. Und apropos rund. Ich warf einen Blick rüber zu Üttchen und sah, wie die Lecke bereits auf den Läufer lief. Die Lava zischte, und Dampf stieg auf. An zwei fußgroßen Stellen war sie bereits erkaltet und hart. Das konnte mein Ausweg sein! Ich sprang in zwei Supersprüngen über den Strom hinweg und erreichte das rettende Ufer. Sofort rannte ich hinunter in die Diele, um das gewünschte Gefäß heranzuschaffen. Als ich zurück in die Stube kam, stand Oma vor Üttchen und hielt Üttchen einen ihrer Stoffballen unter das Gesicht. Das Hellgrün war mittlerweile schon fast schwarz, wegen der Feuchtigkeit. In einer flüssigen Bewegung tauschte Oma Ballen gegen Eimer.

«Das höat janich wieder auf», sagte Üttchen schlürfend und leicht verzweifelt.

«Haste wieder an lecker Schweinchen jedacht, ne?», fragte Oma, und beim Wort «Schweinchen» schwoll aus Üttchens Mund ein richtiger Schwall in den Eimer.

Schwall!

Faszinierend.

«Jau», hustete Üttchen.

«Sosste doch nich!», sagte Oma.

Ich wollte das mit dem Schwall noch mal sehen.

Ich sagte: «Meinste mit lecker Schweinchen …»

Schwall!

«… lecker Spanferkel?»

Schwall!

«Schön kross und knusprig?»

Schwall!

Oma sah mich streng an und sagte genau so: «Tuste jez ma von was anderes reden, ne?!»

Ich konnte mir ein Grinsen nicht verkneifen. «Meinste so was wie lecker Kälbchen?»

Schwall!

«Nix mit Essen!», befahl Oma und wandte sich an Üttchen. «Und du! Tuste jez ma an was anders denken, ne?!»

«Jau», sagte Üttchen und schluckte mehrmals heftig, dennoch leckte auch vorne raus weiterhin Lecke. Der Eimer war schon fast halb voll. Es fiel ihr augenscheinlich nicht ganz so leicht, an was anders zu denken.

Ich dachte derweil darüber nach, dass Üttchen bei dem Kinnwasser, das sie schon runtergeschluckt hatte, ja eigentlich mittlerweile eine Wasserbombe sein müsste. Sie hatte ja auch die gleiche Form. Bloß größer und eckiger. Die Mutter aller Wasserbomben! Man könnte Länder mit ihr bewerfen, und alle Einwohner würden ersaufen.

Das brachte mich auf die Idee, zum nächsten Wasserbomben-Krieg mit den und gegen die Kinder der Nachbarschaft meine Wasserbomben mit Üttchens Lülle zu füllen. Ja! Das würde der Angelegenheit noch den letzten Pfiff verpassen! Ich müsste es bloß schaffen, irgendwie unbemerkt an diesen Eimer samt Inhalt zu kommen.

Üttchen schien sich gerade wieder etwas beruhigt zu haben und mit ihr auch der mündliche Sturzbach, da kam Didi in die Stube und fragte: «Wann gibt's denn Mittach?»

Schwall!

Oma sah genervt in Richtung Herrgott, dann runter

zum Teufel in Menschengestalt und sagte: «Ich hab da inna Küche noch zehn Mark in Sparbuch. Für Tanken.»

Didi verschwand so schnell, wie er gekommen war, und Oma sagte, da das Einschießen des Kinnwassers ja eindeutig von Heißhunger herrühre, müssten wir diesen einfach stillen, dann wär endlich Stille und trocken im Karton. Am besten mit etwas stark Saugfähigem.

Ich sagte, ich wüsste da etwas, das stark saugfähig sei. Nämlich Elise, die blaue Ameisenbärdame von Paulchen, dem rosanen Panther, die eigentlich aber ein Erdferkel sei, ob sie das wüssten, womit wir mit Ferkel natürlich wieder beim Thema Schwein wären.

Schwall!

Super. Der Eimer war fast voll. Das ergäbe Füllungen für mindestens hundert Wasserbomben.

Oma schickte mich das steinharte Weißbrot aus der Küche holen, das sie eigentlich noch zum Klopsemachen benutzen wollte, aber bereit war, es aufzugeben. Als ich zurückkam, wollten wir Üttchen damit füttern, bekamen es aber wegen Steinhartheit nicht zerbrochen. Oma tunkte es kurz in den Rotzetopf, dann ging es.

Nachdem wir über die Hälfte des Weißbrots an Üttchen verfüttert hatten, klagte sie nur noch über *leichten* Appetit. Oma sagte, so kurz vor Ende dürfe sie nun aber nicht aufgeben, sie müsse schön durchessen, und schob ihr ein weiteres Stück in den Mund.

Die Aufsaugkraft des weißen Brots leistete ganze Arbeit. Üttchens Mund und Rachen wurden staubtrocken. So trocken, dass sie drohte, am letzten Bissen zu ersticken, da dieser nicht wie geplant im Hals hinabrutschte, sondern dort sitzen blieb. Sie lief schon blau an, als Oma die rettende Idee hatte. Sie hielt Üttchen den Lülleküben hin, aus welchem diese einen großen Schluck nahm, dann ging es.

Nachdem diese Katastrophe überstanden war, seufzten wir alle drei erleichtert auf. Bei Üttchen kam ein kleines Bäuerchen mit raus.

Oma sagte zu mir: «Die Plörre tuste inne Schüssel kippen, den Eimer stellste wieder an Ort und Stelle!»

«Jawoll!», sagte ich, schlug die Hacken zusammen, nahm den Eimer und zog ab. Auf dem Weg in die Diele hatte ich endlich die Markierung an der inneren Eimerwand ausfindig gemacht. Mein Gesicht strahlte vor Glück. Sieben Liter Kinnwasser! Was würde das für ein Wasserbomben-Sommer werden!

HAUMICH UND PFLAUMICH

N a guck ma einer an!»
Ich blickte von meinen Förmchen hoch, und vor mir
stand der fiese Hennes aus der Rosenhägersiedlung.

«Tach, Hennes», sagte ich.

Oma hatte mich gebeten, das Adjektiv zu seinem Namen
bei der Begrüßung doch wegzulassen. Dem fiesen Hennes
seine seichte Mutter hätte sich beschwert.

«Ich hab da mal 'ne Frage», sagte der seichten Mutter ihr
fieser Sohn.

«Ja?» Ich war gespannt.

«Haumich und Pflaumich sitzen auf'm Baum», sagte er
und grinste. «Pflaumich fällt runter. Wer bleibt oben?»

Ich überlegte kurz, ob es sich um eine mathematische
Fangfrage handelte und ob sie irgendetwas beinhaltete,
mit dem ich nicht rechnete, aber es blieb bloß eine einzige
Möglichkeit.

Also sagte ich: «Haumich.»

Zack! Hatte mir der fiese Hennes auch schon locker mit
seiner Spackpfote eine gescheuert.

«Aua!», schrie ich auf. «Was soll das denn?»

Hennes lachte heiser: «Na, haste mich doch grade drum
gebeten.»

«Was hab ich?» Ich war total perplex. «Ich hab doch bloß deine Frage beantwortet!»

«Und?» Hennes grinste weiter fies. «Wie war die Antwort?»

Was dachte der, wie blöd ich war? Als hätte ich das schon wieder vergessen! Natürlich nicht!

«Haumich!»

Zack! Wieder einen anne Labbe.

«Aua!», schrie ich erneut auf. «Sachma geht's noch?»

«Jau, geht noch», nickte Hennes grinsend.

«Wenn das so weitergeht, dann spiel ich nie wieder mit dir!», sagte ich bestimmt, wohl wissend, dass ich das eigentlich auch noch nie so richtig getan hatte und auch nicht vorhatte, das jemals zu tun.

«Was ist denn?» Hennes riss Arme und Schultern hoch, und seine Handinnenflächen zeigten gen Himmel. «Ich mach doch nur, was du sachst!» Er tat unschuldig und ein bisschen empört. «Aber wennde nich mehr wisst, dann eben nich!» Und dann lachte er laut und lief weg.

Ich saß da mit roter Wange und blickte ihm nach. Was hatte ich übersehen? Ich kam nicht drauf.

Mistekiste!

So wollte und konnte ich das nicht stehen lassen. Ich machte mich auf, die Sache zu recherchieren. Ich ging zurück zum Haus und traf im Hof auf Üttchen, die auf einem Stuhl saß und Zeitung las.

«Ich hab da mal 'ne Frage», sagte ich.

Die Zeitung fuhr nach unten, und Üttchen sah mich erwartungsfroh an.

«Haumich und Pflaumich sitzen auf'm Baum. Pflaumich fällt runter. Wer bleibt oben?»

Üttchen dachte einen Moment lang nach, dann sagte sie: «Haumich.»

Korrekt, dachte ich. Sie kam zu dem gleichen Ergebnis wie ich. Was noch nichts heißen musste, empirische Untersuchungen verlangten ja nach mehreren Meinungen.

Ich ging weiter in die Küche, wo Mama Tante Hilde die Dauerwelle neu sortierte. Als ich reinkam, sprühte sie gerade Haarspray auf den Wellenhelm.

«Och», sagte Tante Hilde, «Da issa ja. Wie geht es ihm denn?»

«Och», sagte Mama und sprühte fröhlich weiter.

«Ich hab da mal 'ne Frage», sagte ich.

«Was hatta?», fragte Tante Hilde.

«'ne Frage hatta», wiederholte Mama über den Sprühvorgang hinweg.

«Och, 'ne Frage hatta», sagte Tante Hilde. «Wie heißt die denn?»

«Das hat er noch nicht gesagt», antwortete Mama.

«Och, hatta das noch nich jesacht», sagte Tante Hilde. «Dann tu 'n ma fragen, wassa fragen tun will!»

Und Mama zu mir: «Wie heißt die denn, die Frage, fragt Tante Hilde.»

Ich sah zwischen den beiden hin und her, konnte die Gesichter hinter dem Sprühnebel aber bloß erahnen und war völlig durcheinander und benebelt und benommen und stammelte: «Haarlack und Klarlack sitzen auf'm Baum. Klarlack fällt runter. Wer bleibt oben?»

Und wie aus einem Mund sagten beide: «Haarlack.»

Ich bedankte mich und ging weiter in die Stube, wo Oma saß und nähte.

Ich war noch immer ziemlich durcheinander. Die Dämpfe des Frisurenfestigers hatten sich durch meine Nase hindurch anscheinend als eine hauchdünne dämpfende Schicht über mein Erinnerungsvermögen gelegt.

«Ich hab da mal 'ne Frage», stammelte ich.

«Was haste jetzt schon wieder?» Oma sah gar nicht von der Handarbeit auf.

«'ne Frage!», antwortete ich.

«Jau, habbich ja jehöat», sagte sie. «Welche isses denn heute?»

Ich überlegte kurz, und die Frage fiel mir auch wieder ein, aber die Namen waren weg. Wie hießen die noch gleich? Das konnte doch nicht sein! Wie hießen die? Völlig andere Gedanken schossen mir durch den Kopf: Was war das für ein Zeug, das Mama Tante Hilde auf den Kopf sprühte? Warum war das nicht verboten? Wie war noch mal die Wurzel aus Pi? Wie hieß noch mal mein Bruder mit Vornamen? Warum um alles in der Welt war meine Zunge so pelzig belegt? Ich versuchte, mich irgendwie innerlich zu sortieren, aber es gelang nicht. Ich sagte zu Oma: «Da sitzen zwei auf'm Baum. Einer fällt runter. Wer bleibt oben?»

Ohne zu zögern, antwortete Oma: «Der andere.»

Hach! Oma war so schlau. Ich schlug mir mit der flachen Hand vor die Stirn und fragte rhetorisch in den Raum, warum ich darauf denn nicht selbst gekommen war. Ja, das frage sie sich auch, sagte Oma, schüttelte verzweifelt den Kopf und prünte weiter am Stoff rum.

Ich bedankte mich und zog wieder ab.

Auf dem Weg zurück zu meinen Sandländereien kam mir mein Großcousin entgegen. Ich erklärte ihm, der fiese Hennes hätte irgendwas von einem Baum erzählt und von einem, der da runterfällt, und dann hätte er mir eine verpasst. Ob er wisse, wie die beiden noch mal geheißen hätten, mir sei es nämlich eben entfallen. Mein Großcousin sagte, dass der fiese Hennes das mit ihm auch schon gemacht habe und dass die beiden Typen Haumich und Pflaumich hießen, und ich solle jetzt mal scharf darüber nachdenken, warum.

Ich bedankte mich und warnte ihn noch, er solle nicht in Omas Küche gehen, sonst hätte er die Namen auch gleich vergessen.

Auf dem Restweg zu meinem Strand ohne Meer dachte ich scharf darüber nach, warum die beiden Baumbesetzer so hießen, wie sie hießen. Und da fiel es mir wie Schuppen aus den Haaren. Aber natürlich! Da verbarg sich ein Imperativ! Ein Befehl zum Verwämsen! Ein Freibrief für Kloppe! Eine Aufforderung zur Gewaltausübung!

Dieser verdammt fiese, fiese Hennes! Mein Kopf und ich kamen einstimmig zu der Meinung, dass er sich das auf gar keinen Fall selbst ausgedacht haben konnte. Obwohl … Mit dem Imperativ kannte er sich ja aus. Wenn ich an seine seichte Mutter dachte und an die Sätze, die sein feister Vater manches Mal drüben durch die Siedlung rief … Die endeten auch alle mit einem Ausrufezeichen.

Egal. Das würde er zurückbekommen, so viel stand fest. Ich schmiedete einen Plan, und solange der heiß war, musste der umgesetzt werden. Also suchte ich Hennes am nächsten Tag auf.

Er war natürlich unten an der Bieke, wie so oft. Ich hatte mir mein Bert-aus-der-Sesamstraße-Gesicht aufgesetzt, das mit den hochgezogenen Augenbrauen, und tat völlig unbedarft. Ich setzte mich ihm gegenüber auf einen Stein und ließ ihn wissen, dass ich sehr gerne noch einmal das Spiel von gestern spielen wollte. Das mit dem Baum und dem Unfall.

Hennes grinste und sagte: «Na, guck ma einer an!», spuckte sich in die Hände und meinte, es könne seinetwegen sofort losgehen.

Ja, ja, erwiderte ich, das werde es auch gleich, aber zuvor wolle ich sein Ehrenwort, dass wir das Spiel auch auf jeden Fall ganz bis zum Ende spielen würden.

Der fiese Hennes hob feierlich eine seiner Spackpfoten hoch und schwor hoch und heilig und auch feierlich, dass es bis zum bitteren Ende gehen würde.

Ich hob den Zeigefinger warnend in die Höhe und sagte, es müsse die ganze Geschichte erzählt werden. In ihrer ganzen kurzen Länge. Komplett. Mit alles.

Hennes schwor auch dieses.

Nun denn, nun denn, nun dann, ließ ich ihn wissen, könne es meinetwegen auch losgehen, legte die Hände auf den Hosenbeinen ab und beugte mich leicht zu ihm vor.

Hennes rieb voll Vorfreude die Hände ineinander, beugte sich ebenfalls leicht vor und sagte: «Du hast es so gewollt.»

Ich nickte bloß.

Hennes: «Biste bereit?»

Ich nickte bloß.

Hennes: «Dann wolln wa mal.»

Ich: «Möge er die Geschichte erneut zum Besten geben.»

Hennes fing an: «Haumich und …»

Zack! Hatte ich ihm eine verpasst.

Hennes hatte Kinnlade Untertasse. Er sah mich erschro-cken aus weit aufgerissenen Augen an. Ich schaute weiterhin völlig unbedarft aus der Wäsche, neigte bloß ein winziges bisschen den Kopf und fragte: «Wie ging die Geschichte noch gleich?»

Hennes schluckte, hielt sich die leicht gerötete Wange und sagte zögerlich: «Die Geschichte ging wie folgt …»

Ich war gespannt. «Ja, bitte?»

«Haumich …»

Zack! Die andere Wange.

Hennes' Lippen zitterten. Er sah etwas betrübt aus, das war etwas betrüblich. Ich starrte ihm direkt in die Augen und beugte mich noch ein winziges bisschen weiter vor. «Na? Wie die ging die noch gleich? Die Geschichte?»

Hennes rieb sich flott beidhändig das Gesicht, dann legte er die Flossen zurück auf die Beine und drückte den Rücken durch. Er wollte sich anscheinend nicht so leicht geschlagen geben. «Die Geschichte ist die von Pflaumich und seinem Freund.»

Er versuchte es also andersrum. Ich war bereit. «Wie hieß der denn?»

«Wer?»

«Der Freund von Pflaumich.»

«Hab ich grad vergessen.»

«Ach so!»

«Ja.» Hennes nickte, als wollte er sich selbst darin be-stärken, und fuhr fort: «Na ja, die beiden sitzen also auf 'nem Baum …»

«Was für 'n Baum?»

«Ja … was weiß ich! Ist doch völlig egal!»

«Ach so!»

«Ja.» Auf Hennes Stirn bildeten sich kleine nasse Perlen. Ich war sicher, es war Schwitze. «Na ja, die beiden sitzen also auf 'nem Baum, und plötzlich fällt Pflaumich runter ...»

«Hatta sich was getan?»

«Nee.» Eiliges Kopfschütteln.

«Und dann?»

«Dann sitzt sein Freund noch oben. Im Baum.»

«Und dann?»

«Dann nix mehr. Geschichte vorbei.»

«Ach so!»

«Ja.» Wieder eifriges Nicken. Die kleinen nassen Perlen purzelten zu Boden. Ich war nun sehr sicher, dass es Schwitze war.

«Und dieser Freund ...» Ich ließ mir absichtlich Zeit. «Von unserem Freund Pflaumich ... Der, der noch oben im Baum hockt ... Der hatte doch eben noch einen Namen, nicht wahr? Wie hieß der noch gleich?»

«Ha...», Hennes hielt inne. Er zögerte. Er wusste, er müsste diesen Namen noch liefern, sonst hätte er die Geschichte nicht in Gänze abgeliefert und wäre geliefert. «Ha...»

Noch ein Versuch. «Ha...»

«Ja?»

«Ha... Habbich vergessen!»

«Ach so!»

«Ja!» Nicken. «Tut mir leid.»

«Och, das muss es nicht.» Ich griff in die Hosentasche und zog mein Ass aus dem Ärmel. «Ich vergesse den auch immer. Deshalb hab ich ihn aufgeschrieben.» Ich reichte ihm ein Bonbonpapier, auf dem ich in Großbuchstaben den Namen notiert hatte. Mit Ausrufezeichen dahinter. «Bitte schön!»

Völlig verdattert nahm Hennes das Papier. «Danke schön.»

«Gern geschehen. Also? Was steht da?»

Hennes sah auf das Papier, und ihm zitterten die Lippen. Die Schwitze rann ihm nun eimerweise von der Stirn. Dann zuckte er, stockte, verengte die Augen. Er führte die Notiz näher an dieselben und besah sich die Schrift noch einmal sehr genau. Dann sagte er: «Das stimmt doch gar nicht!»

Und ich: «Was?»

Und Hennes: «Na, hier steht Kloppmich, aber der hieß doch Haumich!»

Zack! Zack! Die altbewährte Rechts-links-Kombination.

Hennes sah mir in die Augen, ich sah ihm in die Augen. Ich war nun nicht mehr sicher, ob es Schwitze war oder doch Heule, die ihm da grad über die Wangen lief.

Hennes stand auf, sagte: «Scheißgeschichte», warf das Bonbonpapier ins Wasser und ging nach Hause.

PLATTES GRAS

Apropos Wasser. Irgendwann war es an der Zeit, dass mein Bruder trocken werden sollte. Also Schluss mit in die Buxe strullen! Er sei schon ziemlich spät dran, bemerkte Oma. Im Übrigen auch mit dem selbständigen Laufen.

Mama merkte an, dass das ja nicht so einfach sei, mit dem ganzen Schmull und dem enormen Gewicht, das damit einherging. Aber Oma ließ das nicht gelten und erwiderte, Üttchen könne ja auch selbständig laufen. Wegen des Trockenwerdens solle sich Mama mal keine Sorgen machen, sie werde das übernehmen, sie hätte da ihre ganz eigene Methode und mit dieser schon alles trockengelegt, was ging, da sei so ein kleiner, fetter Hosenscheißer keine Herausforderung.

Mama wollte und konnte sich diese Methode nicht mit ansehen, wahrscheinlich flackerten Erinnerungsfetzen ihrer eigenen Kindheit vor ihrem inneren Auge auf, und so buchte sie dem Rest der Familie einen Urlaub im Nordseeheilbad Norden-Norddeich. Dreimal Nord, weiter nach oben ging nicht, danach kam nur noch Wasser. Und dort am Wasser könnten wir es uns gut gehen lassen, sagte Mama. Und um Wassergutgehenlassen ging es ja bei diesem Urlaub.

Mama, Papa und ich machten also Ferien an der Nordsee, derweil mein kleiner Bruder Ferien bei Oma machte. Während Mama, Papa und ich in unserer kleinen Pension vor dem Baden noch einmal kurz die Toilette aufsuchten und dann runter an den Strand gingen, wo wir uns mit dem Popo ins pullerwarme Meer setzten, suchte mein Bruder keine Toilette auf, sondern ließ einfach laufen, woraufhin Oma ihn sich schnappte und seinen nackten Arsch in einen Kübel kaltes Wasser tunkte – arschkaltes Wasser!

Sinn dieses Vorgangs war die Prägung. Das sehr, sehr kleine Gehirn meines Bruders sollte auf eine Art und Weise, die es verstand, also sehr, sehr schlicht und einfach, an Monokausalität herangeführt werden. Ein bestimmtes Ereignis führte zu einem anderen bestimmten Ereignis. Das Ursache-Wirkung-Prinzip.

In diesem Fall also:

Lässt man Pipi freie Fahrt,

hat der Popo Wasserbad!

Es sei denn – und mit dieser Alternative wurde er natürlich bekannt gemacht – er saß auf der Brille, bevor er laufen ließ. Dann blieb der Hintern warm und trocken.

Ich selbst habe diese raffiniert ausgeklügelte Methode nicht kennenlernen müssen und erfuhr von ihr im Detail auch erst Jahre später. Mein Bruder jedenfalls spürt bis heute nach dem Austreten eine ungemütliche Phantomkälte am Po.

Aber zurück zur Nordsee. War dort mal nicht so gutes Wetter, gingen Mama, Papa und ich nicht ans Meer, sondern auf den nahe gelegenen Spielplatz spielen. Mama und Papa spielten «Auf-der-Bank-sitzen-und-mit-dem-Gesicht-nach-oben-auf-Lücken-in-den-Wolken-Warten», und ich spielte an einem der Spielgeräte. Diese standen mittig auf einer großen viereckigen Rasenfläche, deren grüne Oberfläche in Dicht- und Sattheit eine geradezu englische Qualität besaß. Gegenüber dem Eingang stieß das Karree an eine Reihe halbhoher Bäume. Bevor ich die Spielgeräte bespielte, sah ich mich um – eine Eigenschaft, die mir auch heute noch zu eigen ist, etwas mir Neues immer sofort auszukundschaften, egal ob Städte, Länder oder Bekanntschaften.

Kurz vor den Bäumen änderte der Boden des Spielplatzes seine Beschaffenheit. Während er ansonsten von einer lockeren Fluffigkeit war, schien der Rasen entlang der Bäume in einem schmalen Streifen wie gewalzt. So, als hätte sich Üttchen dort hingesetzt. Ganz oft. Ich wandte mich etwas verwirrt ab und bespielte die Spielgeräte. Doch der Gedanke an die Unfluffigkeit des Bodens ließ mich nicht los. Was machte Üttchen auf einem Spielplatz in Norden-Norddeich?

Außer uns waren auch ein paar andere Kinder plus Eltern anwesend. Von denen kannte ich aber keinen und wollte mich nicht aufdrängen. Ich saß allein auf der einen Seite der Wippe und sondierte die Lage. Mir gegenüber sah ich die andere Seite der Wippe hoch am Himmel stehen. Würde ich dort sitzen, könnte ich von oben auf die geographische Besonderheit am Ende des Platzes schauen und noch besser sondieren. Ich verließ den Sitz auf meiner Seite der Wippe und setzte mich auf den anderen Sitz auf der anderen Seite der Wippe. Leider war dieser nun nicht mehr ganz so hoch. Ich musste zugenommen haben. Passiert im Urlaub ja gern. Wenn ich nicht aufpasste, würde ich bald so aussehen wie mein Bruder. Und wer wollte das schon?

Zwei Mädchen kamen und sagten, sie wollten wippen. Ich sagte, das täte mir leid, aber jetzt sei ich mal dran. Sie behaupteten, ich würde ja gar nicht wippen. Ich fragte, woran sie glaubten, das zu erkennen, und sie antworteten, na, es gehe ja gar nicht rauf und runter, denn auf der anderen Seite säße ja gar niemand. Was für Schlaumeiertanten!

Ich holte mein wissendes Lächeln hervor, das ich bei Oma gelernt hatte, und zitierte sie: «So 'n Quatsch!»

Und dann ließ ich die beiden wissen, ich könne natürlich über diese unqualifizierte Aussage hinweggehen, aber das gehöre sich für mich nicht, da ich den Bildungsauftrag doch schon recht ernst nähme und sie beide aufgrund dessen ungern dumm sterben lassen wollte. Sie wüssten schon, Karma und so. Und dann fügte ich generös an, dass, obwohl eine Klärung der Situation, besonders bei zwei augenscheinlich so dösigen Exemplaren wie ihnen beiden, eine echte Herausforderung bedeuten würde, ich mir dennoch vorstellen könnte, einen Versuch zu starten.

Die beiden blickten einander verstört an, dann wieder zu mir, machten aber keine Anstalten zu gehen.

«Nun denn», sagte ich, erhob den Zeigefinger und riet ihnen mahnend, sie sollten sich nicht vom Substantiv blenden lassen. Ausrufezeichen. Denn. Ausrufezeichen. Die Wippe hieße ja auch *dann* Wippe, wenn sie nicht wippen tue, erklärte ich. Also auch *dann*, wenn sie sich nicht auf und ab bewegte. Und da man auf ihr sitzend weder fahren noch fliegen, noch schwimmen könne, würde man auf ihr sitzend also was tun? Rhetorische Pause. Dann gab ich selbst die Antwort: Richtig. Wippen! Also auch *dann*, wenn sie sich nicht auf und ab bewegte. Das sei vergleichbar mit

Autofahren. Fragte man einen Autofahrer, der gerade vor einer roten Ampel wartete, was er denn da gerade täte, würde der ja auch sagen, er sei am Autofahren. Und das, obwohl er ja gerade halten würde.

Die beiden blickten einander nun noch verstörter an als zuvor. Dann fragte eine von ihnen, wann ich denn fertig sei. Und ich antwortete, sie möchten mir noch eine Minute geben, ich sei grad so weit oben, wie es mir allein möglich wäre, und es sei grad so schön. Sie sagten okay und zogen ab.

Ich schaute mich erneut um. Das Rasenphänomen war von hier unten aus nicht zu erkennen. Mama und Papa saßen noch immer auf der Bank und blickten mit geschlossenen Augen in den Himmel. Sie sahen so aus wie dieser gezeichnete Bube aus dem Struwwelpeter, und ich musste leise lachen und dachte noch darüber nach, wie sie wohl heißen würden, wenn sie da mitspielen würden. Papa bestimmt «Heinz-guck-in-die-Luft», denn das war ja sein zweiter Vorname. Zu Mama wollte mir allerdings nichts Passendes einfallen. Ich wollte ihnen noch zurufen, sie sollten mal gut aufpassen, wo sie hinträten, nicht, dass sie noch ins Wasser fallen würden, ließ es aber bleiben, denn sie bewegten sich ja gar nicht.

Die beiden Mädchen kamen wieder angelaufen und behaupteten, jetzt seien sie aber dran, also überließ ich ihnen die Wippe. Allerdings nicht, ohne noch mal kurz in die alte Negativmotivations-Kiste zu greifen.

Ich sagte zu ihnen, dass es eigentlich unmöglich sei, darauf so viel Spaß zu haben, wie ich eben gehabt hätte, aber sie könnten es meinetwegen gern versuchen. Die beiden riefen laut «Ja!» und stürzten sich auf die Wippe. Ich seufzte und dachte darüber nach, wie einfach das Leben doch war, gefangen in und umhüllt von der großen Blase Naivität. Ich wusste nur, wie schwer es für das Umfeld war.

Ich entschied kurzerhand, die von langer Hand geplante Untersuchung der Ungereimtheit kurz vor den Bäumen durchzuführen, und überquerte den Platz. Mit etwas Abstand schritt ich die Seltsamkeit ab. Der Boden bis zu den Bäumen war eine ebene Ebene, gleichmäßig grün gefärbt. Da war keine Kante im Sinne von Absenkung oder Anhebung, bloß die Beschaffenheit war anders. Hier wie toupiert, dort wie pomadig angeklatscht. Der Streifen entlang der Bäume sah aus wie plattes Gras.

Ich trat näher heran.

Plattes Gras.

Ganz eindeutig.

Sicher nicht ganz so weich wie das flauschige Gras vom Rest des Platzes, aber Gras bleibt Gras, und wollte man auf die Bäume klettern, musste man darüber gehen. Ich tat einen Schritt.

Plötzlich war es sehr dunkel um mich herum. Irgendjemand musste auf dem Spielplatz das Licht ausgemacht haben. Ich versuchte es mit Atmen, doch daraus wurde ein sehr großer Schluck. Und dann noch einer.

Das Problem war, dass ich so viel Durst gar nicht hatte. Bevor auch bei mir das Licht ausging, packten mich zwei Hände und zogen mich aus dem stehenden Gewässer, das so tief war, dass ich zwar drin stehen konnte, dann aber mein Kopf nicht mehr rausguckte.

Papa nahm mich auf den Arm, und ich hustete und

spuckte und heulte. Mama tröstete mich und rieb mir Haare und kleine grüne Punkte aus dem Gesicht. Sodann verließen wir den kinderfressenden Spielplatz in Richtung Pension und heiße Dusche.

Mein Heulen und Husten war zu Wimmern und Zittern geworden. Zwei Mädchen auf einer Wippe zeigten mit dem Finger auf mich und lachten auf und lachten ab.

Mama sagte, ich solle nichts darauf geben, die wüssten es nicht besser. Ich sagte ihr, sie solle sich keine Sorgen machen, auf die beiden würde ich bestimmt nichts geben, denn mir sei durchaus bekannt, dass die in mental einge-schränkten Verhältnissen leben täten.

Unter der heißen Dusche beruhigte ich mich wieder ein wenig, und Papa erklärte mir dann, dass das Wasserlinsen gewesen seien. Kleine fette grüne Blätter, die an der Ober-fläche schwömmen. Er habe die anfangs auch gesehen und sich schon gewundert, dass man das Wasser nicht mehr se-hen konnte, denn in *der* Dichte seien die doch sehr selten. Insofern sei mein Fehltritt nicht ganz so dumm gewesen, wie er ausgesehen habe, sagte er und grinste und fügte la-chend hinzu, eigentlich habe er sogar fest damit gerechnet, dass ich das Flüssige betreten würde.

Mir war überhaupt nicht zum Lachen zumute, und ich stellte mir vor, wie man die fiesen Wasserlinsen in einem Eintopf zerkochte, bei lebendigem Leibe. Man bräuchte nur einen Tauchsieder in die stehende Brühe zu legen. Und dann stellte ich mir noch vor, wie ich den Eintopf am Ende des Spielplatzes für teuer Geld an die beiden Wippe-Mädchen verkaufen würde, mit den Worten, die Suppe sei genauso schlau wie sie.

Ha ha! Danach ging es mir ein bisschen besser.

Als wir am Ende dieser Woche wieder nach Hause kamen, war mein Bruder trocken.

Und ich auch wieder.

HEREIN, WENN'S KEIN SCHNEIDER IST!

Es kam ganz selten vor, dass bei Oma mal jemand pingelte. Nur völlig fremde Personen oder Bekloppte versuchten, durch die Haustür ins Haus zu gelangen. Und wenn man ebendort hineinwollte, musste man halt die Pingel drücken.

Aber was sollten völlig fremde Leute bei Oma wollen? Oder Bekloppte? Die allermeisten waren Freunde oder Verwandte oder beides oder Freunde von Verwandten oder Verwandte von Freunden, manchmal auch Verwandte, die man aber nicht unbedingt zu den Freunden zählte, oder auch Freunde, bei denen man froh war, nicht mit ihnen verwandt zu sein, und sie alle gingen hintenrum ins Haus, denn da war immer offen.

Außerdem hatte man auf diesem Weg die Chance, schon früher auf Oma zu treffen. Denn man ging vorbei an zwei Garagen in den Hof, und wenn sie da nicht im Gartenstuhl saß, konnte man von dort in den Gemüsegarten schauen, ob nicht vielleicht irgendwo zwei Beine und eine halbe Kittelschürze zu entdecken waren, weil Oma wieder kopfüber in irgendeinem Beet stand und irgendwas rauszog oder reinsteckte.

War dies nicht der Fall, betrat man das Haus durch die

Hintertür, die eigentlich immer bloß angelehnt war, und fand sich in der Diele wieder. Ein relativ quadratischer Raum mit Betonfußboden und einem Abfluss genau in der Mitte. Zu der Zeit, als die beiden Garagen noch Schweineställe gewesen waren, wurde dort noch geschlachtet und das Schwein danach zum Trocknen aufgehängt. Mit einem kurzen Schlauch wurde dann das Blut in Richtung Abfluss gespritzt und mit einem Flitscher – Fachbegriff für einen Besen mit einer Gummiwurst anstelle von Borsten, obwohl Borsten natürlich zu einem Schwein auch gut gepasst hätten, aber Wurst ja auch – der feuchte Rest und hartnäckige und gröbere Stücke in denselben geschoben.

Mama erinnert sich, dass sie in ihrer Jugend, wenn ebendies der Fall war, die Diele lediglich gesenkten Hauptes und mit kleinen Sprüngen über noch nasse Stellen durchquert hatte. Noch genauer erinnert sie allerdings den metallischen Geruch, der nach der Schlachtung den Raum raumfüllend eingenommen hatte.

Oma erinnerte sich gern an die Vorzüge dieses mittig angelegten Abflusses, denn in ihrer Jugend, auch wenn die Toilette direkt neben der Hintertür war, aber eben hinter einer weiteren Tür, habe man auf dem Weg ins Haus oder auf dem Weg aus dem Haus heraus einfach kurz in der Mitte der Diele etwas breitbeinig angehalten, habe mijen können (Pipi machen können) und sei dann weitergegangen. Wenn man die Hände voll hatte, brauchte man so auch gar nichts ablegen.

Auf Nachfrage meinerseits, wie man denn dann den Schlüpfer runtergezogen habe, wenn die Hände doch voll gewesen seien, antwortete Oma, man habe halt damals unter der Kittelschürze wenig getragen, was im Weg hätte sein können. Es sei auch viel wärmer gewesen. Von der Temperatur her. Damals. Drinnen wie draußen.

Und dann hat sie ob meines entsetzten Gesichtsausdrucks herzlich gelacht.

Die erste Tür, die von der Diele abging, war, wie gesagt, die Toilette. Dies war die einzige Toilette bei Oma. In ihrer Wohnung gab es keine. Wenn wir Kinder des Abends oder des Nachts noch einmal geschäftlich los mussten, waren wir darauf angewiesen, dass Oma uns begleitete, denn allein bis runter zum Klo war es viel zu unheimlich. Und gefährlich. Und unheimlich.

In Omas unheimlicher Toilette hing der Spülkasten fast unter der Decke. Daran befestigt führte eine Metallkette hinunter bis auf Höhe des aufgeklappten Deckels, und an deren Ende war ein Holzgriff befestigt. Zog man daran, schoss mit enormer Kraft Wasser aus einem Fallrohr hinab in die Schüssel.

Als ich Oma fragte, warum sie denn nicht so eine Toilette habe wie alle anderen auch, wo der Deckel an den Spülkasten klappen würde, lächelte sie bloß wissend und sagte, diese niedrigen Spülkästen, aus denen das Wasser träge und müde herauslaufen würde, das seien Weichspüler, was für Anfänger, für Leute, die nur ganz, ganz kleine Häufi-Bäufis machen täten. Für solche, die essen würden wie die Spatzen. So wie ich.

Würde man allerdings «ordentlich durchessen», so wie sie, dann bräuchte es eben schon ganz andere Kräfte, um die schwerwiegende Hinterlassenschaft von der Keramikfläche zu pusten. Da sei es mit diesen Niedrigdruckappa-

III

raten nicht getan, da müsse mit Hochdruck gearbeitet werden, weshalb ihr Apparat ja auch so hoch hänge.

Ach so.

Die zweite Tür, die von der Diele abging und früher in den Schweinestall führte, öffnete sich nun in den Schuppen. Dort standen Spaten, Eimer, Besen, Gummistiefel, Rasenmäher und hundert andere Sachen. Die Fahrräder von Onkel Friedlichs Familie und natürlich auch Omas Fahrrad, der Neckermann, hingen von der Decke, mit dem Vorderrad in Haken eingehängt, auf dass sie nicht so viel Platz wegnahmen. Ob dies dieselben Haken waren, an denen Jahre zuvor die Schweine abgehangen hatten, habe ich nie rausgefunden.

War man durch die Diele hindurch, stand man in einem Raum, der nichts beherbergte außer Omas Kühltruhe. Die brauchte den Platz aber auch, denn sie hatte ein enormes Ausmaß. Hätte man das, was darin lag, wieder zusammengesetzt, hätte man so viele Herden und Rudel und Schwärme und Scharen gehabt, dass diese als Weidegrund eine Fläche von der Größe Südamerikas benötigt hätten.

Am Ende des Raumes, gleich hinter der Kühltruhe, fand sich hinter einer weiteren Tür Omas Badezimmer. Gleich vorne bog man durch die nächste Tür ab in den Hausflur, wo sich auch die eigentliche Haustür befand.

Geradeaus stand die stets abgeschlossene Kellertür im Weg, neben ihr führten drei Stufen hinauf auf die Ebene, auf der Oma wohnte.

Hinter der Kellertür ging es steil bergab, unten fanden sich verschiedene Räume, darunter auch der, in dem ein deckenhohes Regal Omas Einmachgläsern ein Zuhause gab.

Ganz vorne war Onkel Friedlichs Hobbykeller. Ein- oder zweimal habe ich die Gelegenheit gehabt, dort hineinzusehen, allerdings war der Kellerraum nahezu leer, und mir wollte sich nicht erschließen, welchem Hobby Onkel Friedlich hier unten eigentlich nachging. Obwohl er so manche Stunde dort verbrachte.

Hatte man die drei Stufen dann erklommen, stand man vor der Tür, die Omas Wohnung vom Treppenhaus trennte. Trat man durch sie hindurch, stand man in Omas Flur, mit der lohnenden Tapete, von dem vier weitere Türen abgingen. Einmal Küche, einmal Schlafzimmer, einmal Gästezimmer, einmal Stube.

In Omas Stube fanden sich Tisch, Sessel, Sofa, Fernseher, Radio und auch Omas Nähmaschine. Dort saß sie oft und nähte. Das hatte sie früher einmal als Beruf ausgeübt, jetzt machte sie es nur noch nebenberuflich. Hatte man Oma auf dem Weg bis zur Stubentür nirgends angetroffen, konnte man sicher sein, dass sie genau dort hinter anzutreffen war. Es sei denn, es ging auf irgendeine Mahlzeit zu oder von irgendeiner Mahlzeit weg, dann war sie in der Küche. Auch fürs Mittagsschläfchen.

Saß Oma dort und nähte, saß ich oft daneben und unterhielt mich mit Biggi und Banda oder zählte die Nadeln im Nadelkissen oder die Knöpfe in der Knopfschublade oder, oder, oder, oder.

Und immer wenn dann Besuch kam oder jemand mit einem neuen nebenberuflichen Nähauftrag, klopfte es an der fast undurchsichtigen pillergelben Scheibe der Stubentür, und Oma sagte: «Herein, wenn's kein Schneider ist!»

Was mich dazu veranlasste, darüber nachzudenken, warum Oma das sagte. Befürchtete sie geschäftliche Konkurrenz? Ein mittelloser Schneider, der clever genug war, den Weg bis in Omas Stube zu finden, um dort die unfertigen stofflichen Aufträge zu stehlen, um sie daheim selbst zu erledigen und damit fette Groschen zu machen?

Oder war Schneider der Name von Omas Finanzamtsbeauftragtem?

Da sie aber immer lächelte, wenn sie das sagte, kam ich darauf, dass es wohl amüsant gemeint war und wahrscheinlich so was wie ein alter Schneiderinnenspruch sein musste, den die Schneiderinnen immer gesagt hatten, weil sie nicht wollten, dass ein Schneider hereinkam. Also so eine Mann / Frau-Geschichte. Vermutlich, weil Männer nicht so gut schneidern konnten wie Frauen und sich die Frauen mit dem Spruch darüber lustig machten.

Allerdings war Omas Sohn, Onkel Friedlich, auch Schneider. Vielleicht meinte sie auch den.

Außerdem hatte ich schon von einem Schneider gehört, der sieben auf einen Streich erledigt hatte. Allerdings nicht Hosen oder Hemden, sondern Fliegen. Was ja berufsfremd war. Was die Innung wohl dazu gesagt hatte?

Als mich Mama eines Tages aus Übernachtungsgründen zu Oma brachte und wir vor einer der Garagen parkten, hatte ich bereits auf dem Weg dorthin im Auto mehrfach gegähnt, denn ich war sehr müde, warum, weiß ich nicht mehr. Als ich also aus dem Wagen ausstieg, überkam es mich ein weiteres Mal, und ich gähnte lang und ausgiebig und mit weit geöffnetem Mund. Genau in diesem Moment flog mir ein Schneider in den Rachen. Ich röchelte und würgte, doch dann setzte der Schluckreflex ein, und der Schneider war weg. Zumindest war er nicht mehr in meinem Mund. Ich aber hatte das Gefühl, er steckte noch immer in meinem Hals, und so rang ich nach Luft und würgte weiter und spuckte und fing an zu heulen.

Mama, die in jenem Moment genau neben mir gestanden und alles mit angesehen hatte, rang ebenfalls nach Luft, würgte aus Empathie mit mir, schien kurz davor, sich zu übergeben ob der Ekeligkeit, und versuchte völlig aufgebracht, mich zu beruhigen.

Ihr Gesicht erinnerte farblich an Omas neu gestrichene Hauswand, und sie riss mir mutig den Mund auf und blickte mir in den Rachen, sagte aber, es sei nichts zu sehen. Worauf ich weinend, weil dem Tode nah, erwiderte, es fühle sich aber so an, als säße das Tier noch immer in meinem Hals, und nicht nur das, es würde anscheinend gerade versuchen, wieder herauszuklettern. Mama stieß noch einmal rülpsend auf, griff panisch und fest meinen Unterarm, schnürte Biggi damit ebenfalls die Luft ab und zog mich eilig zu Oma ins Haus.

Nach knapper Schilderung des Vorgefallenen packte Oma mich wie ein Karnickel im Nacken und sagte: «Mund auf!»

Ich fühlte Omas gesamte Hand auf meiner Zunge liegen. Sie schmeckte ein bisschen nach Blutwurst. Ihre Finger fühlten und tasteten Zäpfchen und Racheneingangsbereich sorgsam ab. Ich würgte und röchelte und Tränen liefen mir aus den Augen, und meine Glieder zuckten, und ich war mir absolut sicher: Dies waren die letzten Momente meines kurzen Lebens.

Oma sagte: «Rumremenastern lässte besser sein!»

Und kurz danach: «Habbich dich!»

Sie zog Hand und Unterarm aus dem Inneren meines Gesichts und besah sich das, was sie zwischen den Fingern hielt. Plötzlich war Stille, und auch Mama und ich blickten neugierig auf Omas feuchten Griffel. Zwischen Daumen und Zeigefinger glänzte etwas dünnes, langes Dunkles. Es war ein Schneiderbeinchen.

Der Groschen in meinem Kopf fiel klimpernd meinen Hals hinab, direkt am Schneider vorbei. Im Moment der Erkenntnis schrie ich entsetzt auf, gefolgt von Heulen und Jauchzen und Zittern.

Oma wies Mama an, mir ein Glas Wasser zu holen, und befahl dann, ich möge es vollständig austrinken. Sie sagte, wenn der Schneider nicht oben rauskommen wollte, dann müssten wir halt dafür sorgen, dass er unten rauskommen könnte, und orderte bei Mama, als das Glas alle war, eine zweite Füllung. Oma beruhigte mich dann mit der Aussage, das alles sei nicht so schlimm, und man würde daran nicht sterben. Ich war sehr beruhigt. Und zitterte trotzdem noch immer am ganzen Leib.

Dann fügte sie lächelnd hinzu, dass ich und der komische Frosch, den ich abends immer in dieser Mohnbrötchen-straße-Fernsehsendung anguckte, nun eine weitere Sache gemeinsam hätten neben der Körperhaltung, denn Frösche schluckten ja auch ständig Schneider. «Den chanzen Tach!» Dann erstarb ihr Lächeln, und sie fragte sehr ernst, ob ich mir denn etwa beim Gähnen nicht die Hand vor der Mund gehalten hätte?

Ich verzichtete auf eine Antwort, riss Mama das nächste Glas Wasser aus der Hand, stürzte es gierig hinunter und schwor mir, nie wieder zu gähnen, ohne mir die Hand vor den Mund zu halten.

Am Ende des siebten Glases Wasser hörte das Zittern langsam auf, dafür setzte sporadisches Rülpsen ein.

Nachdem Mama sich meiner ansonstigen Unversehrtheit vergewissert hatte, fuhr sie schließlich zur Arbeit. Mittlerweile sah ihr Gesicht farblich so aus wie Omas Hauswand, bevor diese gestrichen wurde.

Den Rest des Nachmittags verbrachte ich bauchgluckernd auf Omas Toilette, weil das ganze Wasser ja auch wieder rausmusste.

In meinem Mund war noch immer der Geschmack von Blutwurst.

Als Oma und ich am frühen Abend in der Stube saßen und es an der Tür klopfte, sagten wir wie aus einem Mund: «Herein, wenn's kein Schneider ist!»

Dann sahen wir uns an, und beide haben wir gelacht.

ZWEI SEITEN DERSELBEN MÜTZE

Am Nachmittag des folgenden Tages, Oma saß wieder in der Stube und nähte, und ich saß daneben und hatte gerade mit Stecknadeln eine von mir höchstselbst eingetopfte Gewürzgurke in einen stählernen Kaktus verwandelt, kam meine Großcousine mit einem kleinen Strauß gelber Tulpen herein. Ihr nicht zugeklebtes Auge blickte uns verblüfft und ungläubig entgegen, und als sie vor uns zum Stehen kam, hielt sie uns den Strauß hin und sagte: «Der fiese Hennes hat mir den geschenkt!»

Und Oma sagte: «Och!»

«So nett war der ja noch nie zu mir!», sagte meine Großcousine und glotzte noch immer völlig verstört.

«Und?», wollte Oma wissen. «Hatta was jesacht, als er dir die Tulpen jejeben hat?»

«Ja-ha!», nickte meine Großcousine.

«Was denn?», fragte Oma nach.

«Da!», antwortete meine Großcousine.

Und Oma: «Och!»

Mittlerweile guckte ich ähnlich verstört wie meine einäugige Verwandte. Ich fragte nach, ob sie sich sicher sei, dass es sich wirklich um den fiesen Hennes gehandelt habe, und fügte hinzu, man könne sich ja mal vertun.

Vor allem sie, wegen Sichtfeldeinschränkung und dergleichen.

Meine Großcousine schien etwas aufgebracht: «Ja, sicher wara das! Ich bin doch nicht doof!»

Ein Punkt, bei dem ich mir nicht so sicher war wie sie, also sagte ich zu ihr, wir müssten jetzt aber noch sichergehen, dass wir ganz sicher von ein und demselben fiesen Hennes sprechen würden, und fing an, den mir bekannten Hennes in all seiner fiesen Hässlichkeit zu beschreiben. Meine Großcousine rollte genervt mit dem Auge und sagte: «Ja, das issa!»

Ich gab noch nicht auf. «Der, der dir mehrfach bestätigt hat, dass du doof bist?»

«Ja.»

«Der, der dich im Winter fett eingeseift und dann dein Pflaster mit dem schwarzen Punkt auf deinen Schneemann geklebt hat?»

«Ja.»

«Der, der deine Puppe ausgeliehen und tags darauf mit Kurzhaarfrisur zurückgebracht hat?»

«Ja-ha!!» Meine Großcousine schien genervt.

Oma ging dazwischen: «Cheste jetzt nach oben und tuste die Tulpen schön inne Vase mit ordentlich Wasser drauf, ne? Tulpen tun nämich immer dollen Durst haben!»

«Wie Didi», murmelte ich, und meine Großcousine sagte: «Na gut», und zog ab.

Als wir wieder allein waren, blickte Oma einmal kurz auf meinen Kaktus und sagte dann zum dritten Mal an diesem Nachmittag: «Mit Essen spielt man nich!», wandte sich aber sofort wieder ihrer Näharbeit zu. Bei den Ermahnungen blieb es, denn hochwahrscheinlich war sie froh, dass ich mich mit irgendetwas befasste und sie nicht wieder Vater-Mutter-Kind-Theaterstücke anhören musste, gespielt und vorgetragen von Biggi, Banda und mir.

Das sei doch seltsam, sagte ich zu Oma, dass der fiese Hennes plötzlich so nett sei. Da müsse man doch ernsthaft darüber nachdenken, ihm ein anderes Adjektiv zu verpassen. Und Oma meinte: Ja, manchmal täusche man sich in den Menschen. Also sie nicht, aber andere.

Jeder Mensch habe zwei Gesichter, eins, das man angucken könnte, und ein anderes. Das seien die zwei Seiten derselben Mütze.

Und ich wollte von ihr wissen, wo denn das zweite Gesicht genau sei, und Oma sagte, das sei innen liegend. Wie das Futter eines Mantels. Das komme auch nur dann zum Vorschein, wenn es darüber mal dünnhäutig zugehe. Im Positiven wie im Negativen. Apropos Stoff. Das sei ja das Schöne an ihrem Beruf, sagte Oma, viele Leute würden ja ein einziges Mal einen Menschen einschätzen und ihre Meinung über diesen Menschen danach nie wieder ändern, die Schneiderin aber, die nähme jedes Mal wieder neu Maß, wenn der Kunde käme, auch wenn der schon tausendmal da gewesen sei.

Ich brauchte noch einige Jahre, bis ich den Sinn dieses Satzes verstand.

Als Oma und ich am Tag darauf durch ihren Garten gingen und wir plötzlich inmitten der gelben Tulpen eine kahle Stelle entdeckten, schnaubte Oma bloß erzürnt und ließ mich knapp wissen, dass das Adjektiv vom Hennes so bleiben könne, wie es ist.

EVU-LOTION

Als ich wieder einmal bei Oma war, wirkte ich wohl ein bisschen verwirrt und unsicher, und Oma merkte es und fragte, was denn Sache sei, es würde mich augenscheinlich etwas beschäftigen.

Ja, das sei der Fall, bestätigte ich, und es habe mit der Fernsehsendung von gestern Abend zu tun. Da sei eine Astrid Weißer aufgetreten, und die hätte behauptet, sie sei eine fette Kirstin. Wie das denn gehen sollte, wollte ich wissen.

Und Oma sagte, die Sendung habe sie auch gesehen, aber es sei Alice Schwarzer gewesen, und die habe behauptet, sie sei eine Feministin. Warum ich denn so spät noch nicht im Bett gewesen sei, fragte Oma.

Ja, sagte ich, aber die habe auch behauptet, es gebe keinen Unterschied zwischen Jungen und Mädchen. Und genau dieser Punkt habe mich dann doch etwas verwirrt, gab ich zu, denn ich hätte, ohne zu sehr ins Detail gehen zu wollen, im Kindergarten durch bloßes Beobachten, also ganz nebenbei, also rein zufällig und ohne großes Interesse, bereits ein, zwei Unterschiede entdeckt. Ob die Anni Schwarzwald denn nie im Kindergarten gewesen sei, wollte ich wissen.

Ja, sagte Oma, den Quatsch habe sie auch gehört, aber das sei ja Quatsch. Wieso ich so einen Quatsch überhaupt gucken dürfe, fragte Oma.

Ja, sagte ich, und dann habe die ja noch irgendwas von fehlender Gleichberechtigung erzählt und des Weiteren behauptet, dass Männer und Frauen alles gleich gut könnten. Aber das stimme ja gar nicht, denn zum Beispiel Stefan aus der Maikäfergruppe könne zum Beispiel nicht so weit springen wie zum Beispiel Katja aus der Schildkrötengruppe. Nur so zum Beispiel. Ob die denn Stefan und Katja nicht kennen würde, die Marlies Schwarzbrot, wollte ich wissen.

Ja, sagte Oma, das sei natürlich Blödsinn, was die da geredet habe. Da habe sie sich, also Oma selbst, schon gestern Abend drüber aufgeregt, über die Aische Schwatzer, die alte Wischmoppfrisur. Die habe doch noch nicht einen einzigen Tag in ihrem Leben gearbeitet, echauffierte sich Oma, nicht einen ihrer femikürten Finger krumm gemacht, das sähe doch ein Blinder mit Krückstock, was glaubt die also schon zu wissen. Selbstverständlich gebe es einen Unterschied zwischen Männern und Frauen, das hätte ich schon ganz richtig erkannt, ohne jetzt weiter ins Detail gehen zu wollen! Und selbstverständlich gebe es keine wirkliche Gleichberechtigung!

«Das wär ja auch noch schöner», sagte Oma. «Das hat's ja noch nie jejeben!» Der Mann, also auch der junge Mann, also auch der Junge, also auch ich, sei nun mal, so leid es ihr tue, das schwache Geschlecht. Und wie zum Beweis hob Oma den Topf mit dem Eintopf drin hoch und fragte, ob ich das etwa auch schaffen würde, und ich sagte: «Nee, ich glaub nich.»

«Sisste!», sagte Oma, setzte den Topf wieder auf die Koch-
platte und fügte hinzu, so sei nun mal der Lauf der Welt.
Das sei Evu-Lotion – jahrtausendelang uns immer wieder
durch die Haut in das Fleisch und bis in die Knochen hinein reingerieben.

Immer schon, seit Anbeginn der Zeit, hätten die Frauen
das Regiment gehabt und die Männer halt das getan, was
getan werden musste, genauer gesagt, das getan, was die
Frauen ihnen gesagt hatten, was getan werden musste.
Oder ob ich irgendeinen Mann kennen würde, der nicht
das getan hätte, was Oma gesagt hätte, dass das jetzt aber
mal bitte schön getan werden müsste?

Ich überlegte einen Moment lang und antwortete dann:
«Höchstens vielleicht Onkel Helmut.»

«Na, den lieb ich ja», sagte Oma, schüttelte den Kopf
und sagte, da habe ihre Schwester aber wirklich großes
Glück gehabt, diesen Mann kennengelernt zu haben, und
fügte rhetorisch hinzu, dass es im Leben immer wieder die
ein oder andere Sau geben würde, die meinte, sie müsse
sich am Stamm der Eiche kratzen. Aber hätte dieser Vorgang jemals, zu irgendeiner Zeit, den Baum auch nur einen
Zentimeter bewegt? Ihn gejuckt? Sie machte eine dramatur-
gisch dramatische Pause mit hochgezogenen Augenbrauen
und antwortete sich schließlich laut und energisch selbst:
«Nein!»

Ich zuckte zusammen.

Oma fragte, ob es denn schlau sei, dass, wenn man merken würde, dass etwas nicht klappen täte, man es trotzdem
immer wieder versuchen würde, und ich sagte: «Nee, das ist
ja eher dumm.»

Und Oma sagte: «Jenau!» Und mit dieser Erkenntnis sei ich der dummen Sau schon mal einen Schritt voraus, nämlich am Baum vorbei.

Es täte ihr auf der einen Seite übrigens auch sehr leid, dass ich ein Junge sei, aber auf der anderen Seite müsse sie anmerken, so ein typischer Junge sei ich ja auch nicht, denn ich würde ja lieber mit Puppen als mit Autos spielen. Das sei allerdings auch irgendwie komisch. Aber nicht im lustigen Sinne.

Aber wie dem auch sei, sagte Oma, diese Gleichmacherei sei Quatsch! Es gebe halt Männer und Frauen und Dicke und Dünne und Schwarze und Weiße und Große und Kleine. Und die einen könnten halt das, was die anderen nicht könnten, und andersrum.

Gleichberechtigung schön und gut, aber wenn es die gäbe, würde Üttchen trotzdem nicht oben auf dem Schrank Staub putzen können. Man müsse halt einsehen, dass der Unterschied die Sache ausmacht. Üttchen könne halt sehr gut dort Staub wischen, wo Oma sich bücken würde müssen. Also sei diese Eigenschaft für sie eine Erleichterung.

Ich merkte an, dass die Albert Schweizer ja auch noch gesagt hätte, dass man den Männern ja den Spiegel vorhalten müsse, denn man würde sich ja bekanntlich am meisten über das eigene Spiegelbild aufregen.

Jau, sagte Oma, dass könne sie sich bei dem Gesicht auch gut vorstellen, da könne man ja eigentlich auch nichts Vernünftiges mit tun, außer vielleicht Eier abschrecken. So ähnlich, wie sie selbst das auch immer machen würde, nur eben mit einem Foto von Onkel Helmut. Den übrigens, den Helmut, den könne man mit der Lisbett Schweißnaht auch in ein und denselben Sack stecken, und dann immer mit dem Knüppel drauf. Da würde man immer den und die Richtige treffen, so Oma weiter. Und zwei, drei, vier, fünf andere würden ihr da auch noch einfallen, die da eigentlich mit rein müssten, wenn sie grad so drüber nachdenken täte.

Ich sagte zu Oma, dass die Lisa Schwitzer ja auch noch behauptet hätte, man müsse gegen diesen Männerwall immer und immer wieder anrennen, bis sich da endlich eine Lücke auftun würde, und Oma sagte, das hätte sie auch gedacht, dass die wohl schon das ein oder andere Mal irgendwo vorgelaufen sei, und fügte an, da seien wir ja wieder beim Thema von eben, dass es halt Leute gebe wie diese Anni Schwager, die dasselbe immer und immer wieder tun würden, in der Erwartung, dass am Ende etwas anderes dabei rauskommen täte als die Male zuvor. Wenn man so was aber tun täte, dann grenze das schon an grober Dösigkeit. Um nicht zu sagen, an völliger Beklopptheit. Um nicht zu sagen, eigentlich sei man dann über die Grenze schon hinaus. Da sei ja dann keinerlei Erkenntnisgewinn passiert. Also Flötepiepen!

Sie selbst, Oma also, täte ja dasselbe immer wieder, weil sie wollte, dass am Ende auch dasselbe wieder dabei herauskam. Das sei ja wohl schlauer. Beim Püfferkenerstellen zum Beispiel habe sie auch schon mal die Kartoffeln mit eine elektrischen Reibe gerieben, um schneller zum Endergebnis zu kommen. Aber die Püfferken hätten dann nach Bratung nicht die von ihr angestrebte Fluffigkeit gehabt und deshalb auch nur halb so gut geschmeckt wie sonst. Die Kartoffeln seien halt feiner gewesen und deshalb im Geschmack gröber. Also habe sie die elektrische Reibe wieder fein sauber gemacht und ihrer Schwester Ulla zum nächsten Geburtstag geschenkt. Jawoll! Oma wurde immer lauter. Für ihren Lieblingsschwager Onkel Helmut sei diese grobe Püfferken-Konsistenz nämlich völlig ausreichend. Um nicht zu sagen, passender. Und dann schrie Oma, ich solle das nächste Mal, wenn die Ali Schawarma wieder auftauchen täte, halt einfach früher ins Bett gehen, dann müsse ich mich auch nicht so AUF-RE-GEN!

Na gut.

TAUBENSCHEISSE

Am Ende meiner Kindergartenjahre war es für Omma Göllner an der Zeit, kürzer zu treten, und so bot sie Mama und Papa an, die Pension zu übernehmen, was die beiden schließlich annahmen.

Aus diesem Grund zogen wir dann näher zur elterlichen Arbeit und somit in die Stadt hinein. Direkt nach Bad Salzuflen City. Aus den Vorortblagen wurden nun Stadtkinder. Obwohl natürlich klar sein dürfte, dass man die Kinder natürlich aus dem Vorort kriegt, niemals aber den Vorort aus den Kindern.

Meine Eltern mieteten zwei Etagen eines Hauses, dessen Räumlichkeiten einst als Fremdenzimmer dienten, weshalb alle Zimmer ungefähr dieselbe quadratische Größe hatten. Das Schlafzimmer meiner Eltern hatte die gleiche Größe wie das Badezimmer, welches die gleiche Größe hatte wie die Küche, welche die gleiche Größe hatte wie das Esszimmer, das die gleiche Größe hatte wie das Wohnzimmer. Wobei ein von Papa durchgeführter Wanddurchbruch die beiden letzten miteinander verband. Es gab noch einen weiteren kleinen Wanddurchbruch, welcher Esszimmer und Küche miteinander verband. Durch diesen reichte man Dinge durch, zum Beispiel von der Küche in das Esszimmer oder vom Esszimmer in die Küche oder umgekehrt oder beides gleichzeitig. Darum hieß das Ding «die Durchreiche». Benutzte man sie, ersparte man sich einen Fußweg von mehreren Kilometern. Alle Zimmer gingen von einem Flur ab, welcher ebenfalls die gleiche Größe hatte wie die Zimmer.

Das Haus war ein Altbau, weil es schon lange her war, dass es gebaut worden war, und deshalb hatten nicht bloß Länge und Breite eines Zimmers dasselbe Maß, sondern die Höhe ebenfalls. Üttchen hätte es gefallen. Bloß das Gästeklo war in seiner Breite eher schlank. Eine gelbe, doppelflügelige Holztür mit eingelassenen Glasscheiben trennte den Flur unserer Wohnung vom Treppenhaus.

Nahm man die Treppe nach oben, die aus zwei Teilen bestand und einen Absatz in der Mitte hatte, auf dem sie eine Hundertachtzig-Grad-Wendung vollführte, gelangte man ins Obergeschoss, wo sich die Kinderzimmer befanden – zwei ebenfalls durch einen Durchbruch verbundene Räume, die aber durch ein beidseitig benutzbares Regal voneinander getrennt waren, welches in der Mitte allerdings eine Aussparung in Türform aufwies, wodurch die Räume dann doch wieder miteinander verbunden waren.

Mein Bruder wohnte im vorderen Raum, ich im hinteren. Was zur Folge hatte, dass ich auf dem Weg in meine Gemächer immer die seinen passieren musste, wobei es passieren konnte, dass Streit passierte. Wobei, er war ja kleiner und schwächer, insofern keine Herausforderung für mich. Ich musste nur aufpassen, dass sich Fetti niemals auf mich setzte, denn dann hätte ich keinerlei Chance. Wahrscheinlich nie wieder.

Das von Papa erbaute und von beiden Seiten benutzbare

Regal führte dazu, dass mein Bruder und ich viele Nach-
mittage damit verbrachten, von der jeweils zu unserem Bereich zeigenden Seite etwas hineinzuschieben. Egal, ob von
der anderen Seite bereits etwas hingeschoben worden war.
Was dazu führte, dass natürlich auf der gegnerischen Seite
etwas zu Boden fiel, was der Besitzer dann aufhob, um es
an anderer Stelle des Regals wieder hineinzuschieben. Was
selbstverständlich regelmäßig eskalierte und in einer Klop-
perei im Durchgang des Regals endete.

Bis einer heulte.

Also er.

Die beiden Zimmer rechts und links neben uns waren
von Papa an Fremde fremdvermietet worden. In einem lebte ein alleinstehender Herr, der aber meist lag, wenn er im
Zimmer war. Beruflich machte er in Eiswagenfahrer. Was
zur Folge hatte, dass unser Tiefkühlfach immer gut mit
Eis erfüllt war und so auch wir. Tief und kühl. Im anderen
Zimmer lebte mal der, mal die, mal das.

Über uns gab es noch einen Dachboden, welcher durch
eine Klappe im Fußboden, also seines Fußbodens, also der
Decke unserer Etage, zu erreichen war und keinerlei Beson-
derheiten aufwies, nur das übliche Gebälk und die falsche
Seite von Dachziegeln.

Ganz unten im Haus lebte die eigentümliche Eigentü-
merin, Frau Hofstiefel. Die trug im Hof immer Stiefel. Und
züchtete Tauben. Also, eigentlich züchtete ihr Mann Tauben, aber der war dann irgendwann verstorben, also züchtete dann sie Tauben. Neben der Hintertür gab es einen
riesigen Verschlag, worin die Tauben wohnten. Sie wurden
jeden Morgen rausgelassen, und jeden Abend kamen sie

brav zum Schlafen zurück und wurden dann wieder einge-
sperrt.

Es müssen mehrere hunderttausend gewesen sein, gemessen an der Scheiße, die das komplette Haus bedeckte.
Vielleicht war das Haus irgendwann mal schwarz gestrichen
worden, man wusste es nicht, jetzt war es weiß.

Man öffnete das Fenster und sah draußen auf der da-
zugehörigen Bank: Taubenscheiße.

Man trat aus der Tür und trat in: Taubenscheiße.

Man wollte auf dem Balkon einen gezuckerten Berliner
essen und überlegte noch, warum der plötzlich mit Guss
war, aber das war er nicht, es war: Taubenscheiße.

Man sah auf die Tannen im Garten, es war Juni, und
man dachte, wann endlich geht der Schnee? Taubenscheiße.

Oder man besah sich verträumt den Sonnenuntergang,
beziehungsweise man versuchte es, aber man sah am Himmel bloß: Tauben. Am Scheißen. Im Flug.

Das Gurren dieser Viecher fraß sich uns allen so tief in
die Gehörgänge, dass die komplette Familie bis heute auf
genau jener Frequenz eine Hörstörung hat. Geräusche in
dieser Tonlage kann keiner von uns je wieder wahrnehmen.

Ich vermute, die Miete dieses Objekts muss unglaublich
niedrig gewesen sein. Verglichen mit der Deckenhöhe.

Das Mietverhältnis war ein gutes. Frau Hofstiefel war
eine durchaus freundliche und kinderfreundliche Person.
Sogar gegenüber meinem Bruder. Waren unsere Eltern aus,
durften und sollten wir sie im Falle eines Unfalls oder Ähn-
lichem gern aufsuchen.

In diesem Haus hatte mein Bruder die zwei größten Momente seines Lebens. Bis heute. Er komponierte dort sein

erstes und einziges Lied, welches er mir widmete und dessen Text zwar nur aus einem einzigen Wort bestand, dieses aber hatte durchaus hohen Wiedererkennungswert, und die Melodie stand in ihrer Schlicht- und Schönheit dem Text in nichts nach.

Es ging wie folgt: Arschloch, Arschloch, Arschloch, A-A-A-A Arschloch!

Dann noch mal dasselbe, bloß einen ganzen Ton tiefer: Arschloch, Arschloch, Arschloch, A-A-A-A Arschloch!

Und dann fing es wieder von vorne an.

Es konnte so oft wiederholt werden, wie man Zeit und Lust und Ausdauer hatte. Und die hatte er. Und so lange, wie man Publikum hatte. Also mich.

Man beachte den vierfach gesungenen Vokal, der in seiner Bedeutung, sagt man ihn etwas schneller zweimal hintereinander, auch für die kindliche Kurzform von Kacka steht. Dadurch, dass er nun in diesem Werk nicht bloß zweifach, sondern sogar vierfach benutzt wurde, war dies als «Doppelscheiße» zu verstehen. Und drückte dadurch nicht bloß bodentiefe Verachtung aus, sondern sogar unterirdische. In Verbindung mit der für Scheiße zuständigen Körperöffnung ergab sich so am Ende ein harmonisches Ganzes.

Der zweite größte Moment seines Lebens war die Besiegung beziehungsweise zeitweilige Außerkraftsetzung meiner Person während einer der regelmäßig stattfindenden handgreiflichen Auseinandersetzungen.

Die Eltern waren beide aus, die Söhne waren allein zu Haus, da gab es einen der obligatorischen Streite. Was der Grund für die Reiberei war, weiß heute keiner mehr, wenn es denn überhaupt einen gab. Eine Rauferei konnte bei uns durchaus auch mal untriftig beginnen. All unsere Gerangel trugen dank stetiger Wiederholung sogar so etwas wie choreographische Elemente in sich.

Sie endeten meist damit, dass ich auf ihm saß und Muskelreiten an ihm vollzog – mit beiden Knien auf den dürren Bizepsen des Unterlegenen dem Sonnenuntergang entgegen –, oder damit, dass ich auf ihm saß und Spucke am seidenen, hauseigenen, immer länger werdenden Faden über seinem Gesicht baumeln ließ, bloß um sie kurz vor Auftreffen wieder zurückzusaugen, was nicht immer gelang. Oder aber damit, dass ich auf ihm saß, seine beiden Hände fest in den meinen, und zusah, wie er sich immer wieder «selbst» ins Gesicht schlug.

Wie dumm von ihm.

Egal, welches Ende diese Auseinandersetzungen auch nahmen, sie mündeten in dem immergleichen mündlichen Dialog.

Ich, obenauf: «Sag, dass du es nie wieder tust!»

Bruder, unterlegen: «Ich tu's nie wieder!»

Ich, obenauf: «Schwöre es!»

Bruder, unterlegen: «Ich schwöre!»

Ich, noch immer obenauf: «Und du lügst auch nicht?»

Bruder, noch immer Unterlage: «Ich lüge nicht!»

Dann ließ ich von ihm ab, und kaum dass er wieder frei war und sich aufgerappelt hatte, sagte er: «Ich habe gelogen.»

Und weiter ging's!

Bis einer heulte.

Also er.

Bei ebenjener soeben angemerkten, denkwürdigen Ver-
wämsung aber, während der ich stets und wie immer drauf
bedacht war, mich seinem be- und erdrückenden Gewicht
zu entziehen, traf mich einer seiner eigentlich läppischen,
lippischen Schläge mitten auf die Nase.

Zack!

Ich schrie auf, und Blut spritzte. Mein Bruder blickte
mich entsetzt an. Ich fasste mir an die Nase, griff ins Nasse,
besah meine Hand, sah Blut und schrie weiter. Draußen
kackten Tauben auf Fensterbänke.

Ich stürzte ins Badezimmer und hängte mich übers
Waschbecken. Das Blut lief und lief, und es hörte gar nicht
wieder auf. Mein Bruder wurde bleich und weich. Kurz bevor ich vollkommen ausgetrocknet und leer gelaufen war,
sagte ich mit letzter Kraft den entscheidenden Satz: «Hol
Frau Hofstiefel!»

Er rannte los.

Frau Hofstiefel kam rauf und beruhigte mich und mein
Blut mit klatschnassen Waschlappen, während der andere
Waschlappen klatschnass in der Ecke stand, wegen Schwitze und der berechtigten Angst vor grausamer Rache, und
das Geschehen beobachtete.

So klein er damals direkt nach dem Vorfall dort in der
Badezimmerecke stand, so groß verkauft mein Bruder bis
heute diese Ausnahme von der Regel, diese Abnormität im
Universum, diesen einzig weißen Fleck auf meiner ansonsten blutigen Weste auf jeder noch so unbedeutenden Familienfeier, immer und immer wieder als seinen größten
Triumph über mich. Bei guter Laune singt er im Anschluss
sogar noch mal sein Lied. Ich trage derweil mein Bert-aus-

der-Sesamstraße-Gesicht, lächele gütig darüber hinweg und lass es über mich ergehen, denn wer bin ich, ihm seine beiden größten Momente zu nehmen, die ihm, in seinem ansonsten traurigen Leben, die allerschönsten Freuden bescherten und noch immer bescheren.

Ansonsten sind wir aber heutzutage recht nett zu einander. Erst letztens war er auf ein Käffchen da. Ich kredenzte ihm außerdem einen Berliner mit Guss.

KÖRMI

Auf dem Nachhauseweg von der Grundschule machte ich dann und wann gern einen kleinen Schlenker. Denn ich hatte es nicht eilig. Dort, wo ich hinging, stand kein fertiges Mittagsessen auf dem Tisch, das dampfend darauf wartete, warm verzehrt zu werden. Dort, wo ich hinging, war Dana. Die Köchin von Opas Gaststätte. Und Dana machte mir immer das, was ich mir von der Tageskarte aussuchte. Mit brauner Soße. Und das konnte ich mir natürlich erst aussuchen, wenn die Tageskarte fertig war. Und die Tageskarte war immer erst fertig, wenn ich mittags ankam. Denn Opa tippte sie jeden Morgen, während ich in der Schule war, eigenhändig und einfingrig auf seiner Schreibmaschine. Wobei er kräftig ausholte und den Finger mit Schmackes auf die Buchstaben warf, denn er hatte mindestens sechs Seiten eingespannt und zwischen denen noch jeweils ein Durchschlagpapier.

Woraus Durschlagpapier bestand, kann ich nicht sagen, aber es war genauso groß wie eine normale Papierseite, aber sehr labbrig und auf der einen Seite voll mit blauer Farbe und auf der anderen nicht.

Opa machte das so: Er legte ein Blatt auf den Tisch, oben rechts auf der Seite prangte Opas Logo, darauf kam ein Durchschlagpapier, mit der farbigen Seite nach unten. Darauf legte er das zweite Blatt, natürlich wieder mit Opas Logo, dann wieder ein Durchschlagpapier, dann das dritte Blatt, wieder ein Durchschlagpapier und so weiter.

War der Stapel fertig gestapelt, sah Opa zu, dass die Blätter, während er sie anhob, genauso exakt auf- und aneinander blieben, wie es gedacht war, und knatterte sie in die Schreibmaschine rein. Die Rolle wurde nun so weit gedreht, bis der Blätterstapel vorne so weit rausragte, dass man Opas Logo gut sehen konnte.

Opa hatte sein Logo auf fast all seinen Sachen. Auf dem Block, auf dem er Bestellungen notierte, und auf dem Kuli, mit dem er die Bestellungen darauf schrieb, und auf den Bierdeckeln, die … Da fällt mir ein, dass ich irgendwann einmal Opas Freund Keule ein Bier servieren sollte und es ihm auch brav an seinen Platz an der Theke brachte und, nachdem ich es abgestellt hatte, wie selbstverständlich den Bierdeckel obendrauf legte. Woraufhin die schöne Schaumkrone platt gedrückt wurde und der Überschuss am Glas hinab zu Tische lief. Woraufhin Keule sich beschwerte. Woraufhin Opa kam, sich die Skulptur ansah und knapp fragte: «Soll das?»

Ich war mir keiner Schuld bewusst, zuckte mit den Schultern, zeigte mit dem Zeigefinger – dafür ist der ja da – auf das abgerundete Pappquadrat und sagte, das sei doch wohl der Bierdeckel, also hätte ich den aufs Bier gelegt.

Opa nahm den Deckel ab, hob das Glas an, legte den Deckel auf die Theke, stellte das Glas darauf und sagte, der Deckel käme unters Bier.

Ach so.

Wobei mir der Zweck dieses Deckels von da an völlig unverständlich war. Deckel deckelten doch immer irgendwas, wurden also *auf* etwas *drauf* gelegt. So wie auf die Töpfe beim Kochen. Damit nichts entfleuchen konnte, sondern alles da blieb, wo es hingehörte. In diesem Fall also Bier im Bierglas. Warum um alles in der Welt man ihn dann *unter* das Glas legt, ist mir bis heute absolut unverständlich.

Keule besah sich sein Bier, verzog unzufrieden sein Gesicht und fragte, was denn nun mit seiner Krone sei. Opa sah ihn daraufhin kühl an, hob ganz langsam seine Hand, steckte dann ebenso langsam Zeige- und Mittelfinger in das Bier und ließ diese beiden ein bisschen flott hin und her wackeln, was ein bisschen so aussah, als machte ein ganz kleiner Mann Wassertreten. Keule saß staunend da und beobachtete das Geschehen mit offenem Mund. Opa hatte das gelbe Wasser in Wallung gebracht. Es sprudelte, und Schaum stieg auf, er zog die Finger wieder raus und sagte «Wieder da!» und ging zurück zu seinem angestammten Platz am Tresen.

Keule brauchte einen Moment, bis er sich wieder gefangen hatte, grinste dann glückselig Opa hinterher und sagte: «Danke schön!»

Aber zurück zu Opas Logo. Das fand sich außerdem auf der Zapfanlage, auf jedem Bierglas und jedem Bleiglas, eingelassen in den Fensterscheiben. Es zeigte einen super Ritterhelm mit Flügeln obendrauf und rundherum irgendein Gemüse und darunter ein Schild, dessen obere Kante so aussah wie die Zinnen einer Burg, und ganz unten stand in Schönschrift «Herforder Pils».

Aber zurück zur Tageskarte. Opa begann mit dem Druck. Er haute auf die Tasten, und schon nach wenigen Sekunden stand dort TAGESKARTE. In Großbuchstaben.

Dieses Wort wurde zusätzlich noch unterstrichen. Opa schob den Klappbügel der Schreibmaschine von links nach rechts und damit Walze und zu beschriftendes Papier wieder an den Anfang. Die kleine Maschine schob gleichzeitig den Stapel ein Stück weiter, also höher, und so konnte er dann eine Zeile weiter unten weiterschreiben.

Wenn ich in der Nähe und Opa gut drauf war, durfte ich dann und wann den Unterstrich tippen. Opa fragte: «Willste unterstreichen?», und ich sagte: «Ja!», und Opa deutete auf eine Taste mit Strich drauf und sagte: «Zehnmal drücken!» Und dann noch: «Aber doll!»

Ich holte mit dem Finger aus und drosch genauso hemmungslos auf die Taste ein wie Opa.

«Eins, zwei, drei, vier, fünf, sechs, sieben, acht, neun zehn!»

Das Ergebnis konnte sich sehen lassen: _ _ _ _ _ _ _ _ _ _

Zehn super nebeneinander liegende Striche, alle auf derselben Höhe.

Mein Finger tat dann zwar immer ein bisschen weh, aber Opa sagte: «Gut gemacht», und dann tat der Finger nur noch halb so weh.

Weil die Tasten allerdings so klein waren und so eng beieinanderlagen, vertat ich mich dann und wann auch schon mal, rutschte ab oder traf zwei Tasten gleichzeitig. Dann sagte Opa nichts, machte durch geschlossene Lippen nur einen tiefen Ton: «Mm.»

Das Ergebnis sah dann nicht ganz so gut aus. Zwischen den Strichen fanden sich dann Punkte oder Kommas oder auch mal ein «ö».

Da Opa es aber mit seiner Tageskarte sehr genau nahm, sah man ihn dann nach Fertigstellung auf mehreren Blättern mit Tipp-Ex hantieren.

Um sich der Funktion von Durchschlagpapier anzunähern, muss an dieser Stelle Opas rasend schneller Tippvorgang einmal in Zeitlupe beschrieben werden: Schlug der kleine Buchstabenhammer der Schreibmaschine auf das Blatt, schnellte wie von Zauberhand kurz vor Auftreffen das Farbband in die Höhe, und der metallisch heraus- und hervorragende Buchstabe drückte durch Druck die im Band befindliche Farbe auf die erste Seite des Papier-und-Durchschlagpapier-Stapels. Der Druck drückte dann durch das Papier auf das Durchschlagpapier, das daraufhin an ebenjener Stelle seine Farbe an das dahinterliegende Papier weitergab, das den nun etwas abgeminderten Druck an das dahinterliegende Durchschlagpapier abgab, das wiederum diesem Druck nicht gewachsen war und seine Farbe an das dahinterliegende Papier weitergab und somit auch den Druck und so weiter und so weiter und so weiter.

Durch diese Methode bekam man mit einmal Tippen mehrere identisch beschriftete Blätter, die sich lediglich in ihrer Farbintensität unterschieden.

Opa musste irgendwann einmal genau ausgetestet haben, wie viele Blätter er einspannen durfte, damit auch das letzte noch ansehnlich und gut lesbar war. Das hinterste Blatt war aufgrund des abnehmenden Druckes natürlich das blasseste, das vorderste das leuchtendste.

So also wurde das vorderste Blatt im hinteren Teil der Gaststätte ausgelegt, wo es etwas düsterer war, und die anderen Blätter nach abnehmender Intensität auf die anderen Tische sortiert, bis das hinterste und blasseste Blatt ganz vorne bei den Fenstern lag – ein ausgeklügeltes System.

Aber ich hab einen erzählerischen Schlenker gemacht, zurück also zu meinem Nachhauseweg nach der Schule, auf dem ich gern mal einen geographischen Schlenker machte, denn ich hatte es ja im Gegensatz zu meinen Mitschülern, wie gerade beschrieben, weniger eilig, weshalb ich manche von ihnen schon mal bis zu ihrer Haustür geleitete. Meist Alexandra oder Christine, denn deren Haustüren lagen auf dem Weg.

Gern ging ich dann, aus der Elkenbrede kommend, nicht direkt die Roonstraße hinunter, sondern etwas weiter geradeaus, um dann die Brüderstraße hinabzuschlendern. Und das aus einem einzigen Grund. Unten an der Brüderstraße, praktisch einmal um die Ecke von der Pension meiner väterlichen Familie, gab es einen Spielwarenladen. Und dieser pries hinter breiter Glasfront an, was es Neues gab.

Und dann kam dieser eine Tag. Ich erinnere ihn genau.

Wie es immer im Leben ist mit den großen Momenten.

Ich traf auf meine erste große Liebe!

Also meine erste *wirklich* große Liebe! Gleich danach kam natürlich Jessica, drei Jahre zuvor im Kindergarten. Sie lag also zeitlich davor, aber selbstverständlich ränglich dahinter. Ein Schicksal, das sie mit allen danach folgenden Frauen verbindet, denn neben der ersten *wirklich* großen Liebe ist halt wenig Platz, egal, wie schlank die war.

Ich schlenderte also so die Brüderstraße runter und

dachte noch so bei mir, kann ja nicht sein, dass sich da seit gestern was getan hat, ist ja unter der Woche, und erst letzte Woche hatten die ja umdekoriert, also wird sich da wenig getan haben, also brauchst du auch nicht so genau hinzugucken, denn da wird sich ja wenig getan haben, also kannst du auch einfach mal das Fenster passieren, ohne dich besonders interessiert zu zeigen, auch um dem Betreiber mal äußerlich sichtbar zu machen, dass seine offensichtlich zur Schau gestellte Ware und der damit einhergehende Werbeeffekt nicht alle für sich einnimmt, wird sich außerdem wenig getan haben.

Ich guckte also stur geradeaus, während ich an dem Fenster vorbeiging, als ich plötzlich im Augenwinkel etwas Grünes aufblitzen sah.

Abrupt blieb ich stehen, den Blick noch immer nach vorn gerichtet, und rekapitulierte, dabei wusste mein Gehirn längst, was mein Augenwinkel erblickt hatte, aber es war so unglaublich, dass mein Verstand es nicht wahrhaben wollte. Nicht wahrhaben konnte! Denn das konnte nicht sein! Das wäre ja …

Ja, was eigentlich?

Unglaublich wäre das!

Ich wusste also genau, was dort im Schaufenster stand und was ich sehen würde, und doch musste ich den Kopf drehen, denn mein Hirn und ich verlangten nach Bestätigung.

Wie in Zeitlupe drehte ich das Haupt und schaute durch die Glasscheibe in die Ausstellungsebene.

Und dort stand er! Schlank und schlaksig und grün.

Sein verträumter Blick traf mich unvermittelt.

Peng!

Verknallt!

Körmi!

Körmi, der Frosch!

Gestern Abend noch im Fernsehen, jetzt schon hier in der Brüderstraße. Ich dacht, ich werd nicht mehr! Mein Mund stand sperrangelweit offen, und auch Biggi und Banda kamen aus dem Staunen nicht mehr raus und hatten sich mittlerweile in die Fensterscheibe verbissen, und auch Körmis Mund war weit geöffnet, als käme er genauso wenig aus dem Staunen wieder raus, als wollte er sagen: «Marco! Gestern Abend noch mit Schlafanzug und Schnittchenteller vorm Fernseher, jetzt schon hier in der Brüderstraße. Ich glaub, ich werd nicht mehr!»

Wir staunten uns gegenseitig an, und die Zeit schien stillzustehen. Und die vorbeifahrenden Autos gaben plötzlich keine Geräusche mehr von sich, und natürlich wären wir uns in die Arme gefallen und hätten gejauchzt und gelacht und geweint vor Erleichterung und Ergriffenheit, dass wir uns nach all den Jahren endlich gefunden hatten, aber uns trennte ja diese bekloppte Glasscheibe.

Und so blieb uns nur das Staunen. Staunen über diesen ungeheuerlichen Zufall. Hier. In Bad Salzuflen. In der Brüderstraße.

Ich schüttelte den Kopf und dachte: Nein, das ist kein Zufall, das ist Bestimmung! Du und ich. Hier in der Brüderstraße.

Und ich nickte und dachte, ja, wir können Brüder sein! Ich will es, und du willst es auch, ich fühle es. Na gut, ich habe einen Bruder, und der ist auch genauso groß wie du, aber nur ganz selten so schön grün. Außerdem wiegt der mehr, als ich tragen kann, du aber, du, mein liebster Frosch von allen, dich könnte ich immer bei mir haben, mit mir tragen,

tagein, tagaus,

nachtein, nachtaus,

sowohl im Freien

als auch im Haus.

Toll!

Ich staunte an Körmi hinab, und ganz unten fiel mein Blick auf ein Preisschild.

Mistekiste!

Ich rannte so schnell ich konnte zu Opa in die Gaststätte und erklärte ihm, dass mich und die größte Liebe meines jungen Lebens 24,95 Mark trennten. Ob er verantworten könne, dass dieser läppische Betrag uns, also mich und mein Seelenheil, weiterhin werde getrennte Leute sein lassen? Hm?

Und Opa sagte: «Ja.»

Ich rannte zu Mama und sagte, ich hätte gerade meinen Bruder gefunden. Er stünde im Schaufenster des Spielwarenladens um die Ecke, aber er müsse mit 24,95 Mark ausgelöst werden, ob sie die nicht grad mal lockermachen könnte.

Aber Mama sagte, das könne nicht sein, mein Bruder halte nämlich gerade Mittagsschlaf. Und das auch noch umsonst. Und wenn man leise sei, könne man das auch hören. Also, dass er schlief, nicht, dass das umsonst war.

Ich lief zu Papa und sagte, ich hätte nichts lieber auf dieser Welt als einen weiteren Bruder. Bloß diesmal bitte leichter und in Grün. Ob er denn da nichts machen könne?

Und Papa antwortete, das täte ihm leid, aber das mit dem Grün würde er hochwahrscheinlich so nicht hinbekommen. Auf jeden Fall nicht mit Mama. Und er wisse auch nicht genau, wen er da stattdessen fragen könnte. Und er wisse auch nicht, was Mama davon halten würde. Er glaube aber, nichts Gutes.

Ich beruhigte ihn und sagte, das müsse ja keiner wissen, vor allem nicht Mama, dass er über alternative Fortpflanzungsmöglichkeiten nachdenken würde, ich würde es bestimmt nicht verraten, aber wenn er da ganz sichergehen wollte, dann sei es besser, ich hätte 24,95 Mark. Und damit hielt ich die Hand auf.

Am späten Nachmittag dieses denkwürdigen Tages gingen Körmi und ich Hand in Hand wie Brüder die Brüderstraße hinab in Richtung Pension, und er war mein, und ich war sein, und wir pfiffen fröhlich ein Liedchen und haben uns seitdem nie wieder losgelassen.

Viele Jahrzehnte später, in meinem Beruf als Hörspielregisseur, lernte ich in einem Hamburger Tonstudio Andreas von der Meden kennen. Er sprach in den Siebzigern Körmi, den Frosch, auf Deutsch. Und ich meine die erste, die knödelige Stimme aus der Sesamstraße und nicht die helle aus der Muppet-Show! Auch war Andreas viele Jahre Skinny Norris und gleichzeitig Morton, der Chauffeur, bei der Hörspielserie *Die drei ???*. Und er sprach David Hasselhoff, sowohl in *Knight Rider* als auch in *Baywatch*. Und als einen solchen sonnengebräunten Charakter hatte ich ihn damals in meiner Produktion auch besetzt. Ich weiß nicht mehr, wie wir darauf kamen, aber irgendwann unterhielten wir uns über Musik, und ich erfuhr, dass er Banjo spielte.

Und ich meinte: «Genau wie Körmi, der Frosch!» Und er meinte: Ja, aber er habe schon vor dem Frosch Banjo gespielt. Und ich meinte, dann habe Körmi es wohl wegen ihm gespielt. Das könne sein, meinte Andreas, und ich fügte an, dass auch ich Banjo spielen gelernt hätte – wegen Körmi! Also, meinte ich zu Andreas, würde ich wohl seinetwegen Banjo spielen. Das könne sein, meinte er.

Bei unserem nächsten Zusammentreffen brachte ich ihm eine CD mit, auf der ich am Banjo zu hören war. Er könne ja mal reinhören, sagte ich, vielleicht würde es ihm ja gefallen. Das könne sein, meinte er.

Ein Treffen später brachte er die CD wieder mit, gab sie mir zurück und meinte, ich solle noch mal drangehen. Der Frosch sei besser.

FLAUSEN IN KOPP

Körmi, der Frosch, und ich, der Junge, saßen auf Omas Fensterbank und schauten hinaus in den Regen.

Draußen lief Onkel Gustav eilig die Lockhauser Straße hinunter, ein seltenes Bild, denn sonst war er eigentlich immer mit seiner Kutsche und Hamburch, seiner Stute, unterwegs. Die beiden allerdings waren bereits zehn Minuten vor ihm die Lockhauser Straße runtergeritten. Onkel Gustav lief nicht ganz gerade, und so schlug er ein paarmal in den Jägerzaun von gegenüber, rappelte sich aber immer wieder flugs auf und stolperte weiter.

Oma, die neben mir stand, schüttelte etwas verzweifelt den Kopf und sagte: «Der hat auch jeden Abend Brauereibesichtigung.» Dann leckte sie den Rest Wacholder aus ihrem kleinen Gläschen.

Ich hatte sie zwar gehört, aber Omas Satz war ja keine Frage gewesen, und so sagte ich nichts, denn ich musste ja nichts beantworten, außer dieser einen Frage, die seit geraumer Zeit in meinem Kopf ihre Runden zog: Wenn wir uns ins Fäustchen lachten, was machten dann junge Rehe?

Lachte Bambi sich ins Hüfchen?

Oma fragte: «Bisse mitte Jedanken wieda woanders?»

Nun dachte ich über Omas Frage nach. Wenn ich mit

meinen Gedanken zusammen woanders wäre und nicht hier auf Omas Fensterbank, dann wäre ich ja nicht zu sehen, denn dann ich wär ja weg. Ob Oma mich nicht sah? Um sicherzugehen, sagte ich: «Ich sitze neben dir auf der Fensterbank.»

Und Oma sagte: «Och!»

Draußen war Onkel Gustav gerade aus unserem Sichtfeld und bei Spilker in die Büsche gefallen.

Oma sagte: «Der hat abba heute chanz schön einen inne Hacken!» Und goss sich einen Wacholder nach.

In diesem Moment kam Tante Hilde rein. Eine durchsichtige Plastikhaube mit vereinzelten weißen Punkten lag schützend über ihren Dauerlocken. Sie sagte: «Weißte schon das Neueste?»

Und Oma sagte: «Och! Hilde!» Und stürzte eilig den Wacholder hinunter.

Hilde riss sich die Haube von den Locken, setzte sich in einen der Sessel und sagte: «Unser Irmchen hat jetzt 'n Freeeuuund!»

Oma setzte sich ihr gegenüber und sagte: «Och!»

«Den Jürjen!»

«Och, den Jürjen?»

«Ja, den Jürjen!»

«Och, den Jürjen!»

Tante Hildes Augen zuckten immer mal wieder rüber zu mir, dennoch hatte sie es noch nicht gesagt. Würde bestimmt noch kommen.

Draußen lief Hamburch mitsamt Kutsche die Lockhauser Straße wieder rauf. Kurz danach kam Onkel Gustav. Ihm fehlte ein Schuh.

«Unser Irmchen und der Jürjen. Wer hätte das gedacht? Du?»

«Nee», sagte Oma.

«Nee, ich auch nich», sagte Tante Hilde. «Unser Irmchen sacht, der Jürjen schlachtet gern. Als Hobby. Der cheht nach Feierabend bolzen!»

«Der Jürjen?» Oma beäugte sie ungläubig.

«Ja, der Jürjen», antwortete Tante Hilde.

«Der war doch imma nur so 'n Spinnewippken», wusste Oma.

«Du, das sach ich dir!»

«Das saß doch nix anne!»

«Du, das sach ich dir!»

«Der stand doch imma da wie der Storch im Salat!»

«Du, das sach ich dir!»

Ich überlegte, dass Tante Hilde die ganze Zeit behauptete, sie hätte das, was Oma gerade gesagt hatte, zu Oma gesagt, dabei hatte Oma das, was sie gerade gesagt hatte, doch zu Tante Hilde gesagt.

Die tat ja lüjen!

«Hammse dem nich immer 'n Kottlett anne Ohan jehängt, damit wenichstens der Hund mit dem spielt?», wollte Oma wissen.

«Nee, ich glaub, das war Schnitzel», antwortete Tante Hilde.

Oma schüttelte bloß den Kopf.

Ich blickte auf die Schneekugel, die neben mir auf der Fensterbank stand, und überlegte, dass es jetzt ja Sommer war und ob es wohl auch Sonnenkugeln gäbe, die man dann ansehen konnte, wenn Winter war. Ich wusste es nicht, aber ich wusste, dass es in Üttchens Schrank auf jeden Fall Mottenkugeln gab. Ganzjährig.

«Und jez tuta schlachten?» Oma hakte zur Sicherheit noch mal nach.

Tante Hilde nickte: «Sacht unser Irmchen. Und frisst wie 'n Scheunendrescher, sachtse.»

Und Oma völlig überrascht: «Sach an!»

Und Tante Hilde, eifrig nickend: «Schwör ich dir nackend inne Hand!»

Und ich dachte nur: Bitte nicht!

Und dann war es so weit.

«Wie geht es ihm denn?», wollte Tante Hilde von Oma wissen, während ihre Augen zu mir rüberschielten.

«Och», sagte Oma. «Er is wieda irgendwas am Ausklamüsern.»

«Och!», sagte Tante Hilde. «Issa was am Ausklamüsern?»

«Issa.»

«Der Junge hat doch nichts davongetragen?»

Damit spielte sie auf meinen Jahre zurückliegenden Totalausfall an. Ich war damals ohnmächtig zusammengeklappt, und es hatte lange gedauert, bis ich wieder bei Sinnen gewesen war. Seitdem erkundigte sie sich regelmäßig bei Oma nach meinem Geisteszustand. War vielleicht sogar nett gemeint.

«Da sind wa noch an Reschaschieren dran», antwortete Oma und wechselte das Thema. «Hömma, und was is jez mit das Irmchen? Hat die imma noch 'n Profil wie 'n Platenkuchen?»

«Nee», beschwichtigte Tante Hilde, «da hat sich jez auch richtich was jetan.»

«Na, denn is ja man chut», sagte Oma.

«Guckt abba imma noch ausse Wäsche wie 'n Mondkalb!»

Oma tat, als hätte sie sich verhört: «Was?»

Tante Hilde winkte ab: «Sollte jez nicht so böse klingen, wie's jemeint war.»

«Na, denn is ja man chut», sagte Oma.

Hoppel-di-Poppel! Draußen hüpfte der Dicke Danzig vom Zubringer in Richtung Lockhausen. Er trug irgendwas zwischen den Hasenzähnen. Als er näher kam, erkannte ich, dass es ein Schuh war.

Ich dachte gerade darüber nach, ob, wenn Üttchen beruflich Bauchrednerin wäre, sie dann mit ganz vielen Stimmen gleichzeitig labern würde, als Tante Hilde aufsprang und sich die durchsichtige gepunktete Haube wieder aufsetzte. Sie müsse jetzt wieder los, sagte sie, noch bei Haumersen vorbei, denn die wüssten das ja noch gar nicht, und Oma fragte: «Was?»

«Na, das mit unsern Irmchen! Und dem Jürjen!»

«Jau», sagte Oma. «Dann lass dich chut chehn, ne?»

«Jau», sagte Tante Hilde und winkte einmal durch die Stube und verschwand.

Oma kam wieder neben mich, wuschelte mir durch die Haare und fragte: «Überlechste wieda?»

«Ja», sagte ich.

«Sosste doch nich!»

Ich erzählte Oma, dass ich mir grad vorgestellt hatte, Füße hätten Nasen. Und wie eklig das wäre. Dann hätte man super Stinkemauken, und dann müsste man das immer riechen, weil die Nasen ja gleich da dran wären, also sehr nah am Geruch.

Oma lachte leicht, sagte aber nichts.

Wir beobachteten schweigend einen Moment lang den Regen, dann fragte sie: «Und jez?»

«Was meinst du?»

«Was überlechste jez?»

Jetzt, erklärte ich Oma, hätte ich gerade darüber nachgedacht, dass ich ja zu Silvester mal eine Konfetto-Kanone bauen könnte. Da wäre dann nur ein einziger Fitzel Papier drin, dann würd das auch nicht so einen Dreck machen.

Oma schmunzelte.

Und kurz davor, erzählte ich weiter, hätte ich darüber nachgedacht, ob es eigentlich kein Corbrutto Nuss gäbe. Denn das müsste dann ja mehr sein als Cornetto Nuss, und weil ich das doch so gern essen täte, würde ich dann, wenn es das geben täte, immer nur noch das bestellen, denn dann hätte ich ja länger was davon.

«In der kurzen Zeit?», fragte Oma.

«Was meinst du?», fragte ich zurück.

«Na, in der kurzen Zeit haste das alles jedacht?»

Ich antwortete etwas unsicher: «Ja, wieso?»

Na ja, sagte Oma, das seien, gemessen an der Länge der Zeit, doch einige Gedanken gewesen, die mir da durch den Kopf gegangen seien, um nicht zu sagen, viele. Um nicht zu sagen, sie würde einige kennen, die könnten tagelang in den Regen rausstarren und hätten nicht einen einzigen Gedanken dabei. Von «Wann hört das endlich auf?» jetzt mal abgesehen. Ob das denn immer so bei mir sei, wollte sie wissen.

Ich antwortete noch etwas unsicherer: «Ja, wieso?»

Na ja, sagte Oma, dann seien wir ja jetzt dem stillen

Wasser mal auf den Grund gegangen oder seien zumindest ein Stück weiter in die Richtung getaucht und hätten damit schon mal rausgefunden, dass ich anscheinend wohl doch so was wie eine Begabung hätte.

«Ach ja?», fragte ich. «Was denn?»

Oma rollte mit den Augen und sagte, dass es wohl stellenweise noch etwas haken würde, aber ansonsten meine sie natürlich das Denken. Ich sei anscheinend in der Lage, in ganz kurzer Zeit ganz viele Gedanken zu denken. Dächte man sich so gar nicht, wenn man mich so ansehen würde, aber sei wohl so. Obwohl das meiste davon natürlich Quatsch sei, wusste Oma, aber die Geschwindigkeit, die sei schon beachtlich. Und dann nickte sie anerkennend.

Ich sagte, dass das aber eine ziemlich fragwürdige Begabung sei und ich eigentlich lieber gut darin sein wolle, mit dem Schraubenzieher Lampen abzuschrauben, um dann vom Schrottplatzmann dafür bezahlt zu werden.

«Wolle, wolle, Wurzelknolle!», sagte Oma. Man könne sich seine Begabung nicht aussuchen, so Oma, die hätte man, oder die hätte man nicht. Obwohl natürlich jeder irgendeine Begabung hätte, das sei ja klar, aber manche würden halt *ihr Lebtach* nicht rausfinden, welche das denn sei. Ums Verrecken nicht! Schade drum. Auch für die anderen drum herum. Apropos andere. Andere dagegen verfügten sogar über Mehrfachbegabung! So wie sie. Oma. Denn sie hätte ja zum Beispiel schon mehrfach Pflaumenkuchen gemacht. Und der sei auch mehrfach gut gelungen. In so einem Fall spreche man dann halt von Mehrfachbegabung. Nur so als Beispiel. Aber sich aussuchen, in was man gut sei, das könne man nicht. Man könne zwar in etwas besser werden, mit Üben oder Lernen, am besten sogar *mit beides*, aber Begabung, das sei etwas, für das man nichts, aber auch gar nichts tun müsse und in dem man dann trotzdem gut war. Im besten Fall sogar besser. Und im allerbesten Fall sogar besser als alle anderen um einen drum herum.

Ach so.

Wir sahen beide wieder raus in den Regen. Ich sagte zu Oma, dass ich jetzt aber gar nicht wüsste, was man mit «schnell viel Quatsch denken» anfangen könnte und ob man damit auf dem Schrottplatz Geld machen könnte, und Oma sagte, da solle ich mir mal keine Gedanken machen, da würd mir schon was einfallen, wenn ich da länger drüber nachdenken würde, da hätte sie keine Bedenken.

Wir sahen einen weiteren stummen Moment hinaus in der Regen, da fragte Oma: «Und? Was denkste jez?»

«Ich hab grad darüber nachgedacht», antwortete ich, «dass Üttchen ganz bestimmt auch über einen Schwebebalken gehen könnte. Wenn der sehr breit wäre und tiefer gelegt. Also bodennah. Vielleicht würde ihr das sogar Spaß machen.» Und dann sah ich Oma an und fragte: «Und du? Hast du auch was gedacht?»

«Jau», sagte Oma und guckte in den Regen. «Wann hört das endlich auf?» Dann lachte sie leicht und wuschelte mir wieder durch die Haare und sagte: «Nix als Flausen in Kopp.»

Draußen sahen wir wieder Onkel Gustav. Mit beiden Schuhen. Er saß auf einem großen grauen Häschen.

Hoppel-di-Poppel! Sie ritten gen Schötmar.

Oma sagte leise, mehr zu sich selbst: «Einma so dune sein wie der.»

Und ich fragte sie, was das denn damals gewesen sei? Mit Hänschen? Nach dem Feuerwehrfest? Hm?

Oma sagte, jetzt sei aber mal Zeit für in Bett.

KÄFER CABRIO

Bis zu jenem Moment hatte ich nie darüber nachgedacht, dass der fiese Hennes tatsächlich, wie alle anderen Kinder auch, irgendwann Geburtstag hatte. Und nicht nur das, er hatte offenbar sogar etwas geschenkt bekommen. Das ließ bei mir gleich mehrere Fragen aufkommen: Hatte der fiese Hennes seinen Geburtstag auch gefeiert? Wer war dort eingeladen gewesen? Und wer war so lebensmüde und hatte diese Einladung angenommen? Und wenn man auf den Geburtstag vom fiesen Hennes eingeladen worden war und entschieden hatte, dort aufzulaufen, was schenkte man ihm? Alles, was der fiese Hennes gut fand, hatte er einem doch sowieso schon abgenommen und sich auf unbestimmte Zeit «geliehen», wie er zu sagen pflegte.

Dass der fiese Hennes Geburtstag gehabt und etwas geschenkt bekommen hatte, merkten wir anderen Kinder daran, dass er eines Nachmittags mit stolzgeschwellter Brust vor dem Sandberg stand und uns das Geschenk seines Vaters präsentierte: ein Taschenmesser, gebaut in der Schweiz.

Der fiese Hennes fragte in die Runde, ob wir denn wüssten, weshalb die Schweizer genau diese Art von Zaubermessern bauen täten. Wusste aber keiner. Daraufhin ließ er

uns wissen, dass er es aber wissen tue, denn sein Vater habe
es ihm erklärt, und fragte, ob wir denn auch an ebendiesem
Wissen teilhaben wollten, denn er habe heute seinen guten
Tag, und deshalb werde er uns freimütig an ebendiesem
Wissen teilhaben lassen, es sei denn, wir wollten unbedingt
dumm sterben. Dann gab es eine vom fiesen Hennes an-
geregte kurze Abstimmung per Handzeichen, wer von uns
denn dumm sterben wollen würde, wollte aber keiner, also
gab es auch keine Handzeichen.

Der fiese Hennes erklärte uns dann, dass die Schweizer
selbstverständlich auch ganz normale scharfe Klingen herstellen könnten. Ebenso Pinzetten und Lupen und Sche-
ren und Zahnstocher und Feilen und Dosenöffner und
Schraubenzieher, aber die Schweiz sei ein sooo kleines
Land, dass die praktisch alles ganz klein und zum Ein- und
Ausklappen bauen würden. Es hätte wohl mal einen über-
mütigen Schweizer gegeben, der hätte ein großes Taschenmesser gebaut, aber als er bei dem die Klinge ausgeklappt
hätte, sei die Spitze schon in Frankreich gewesen. Und die
Franzosen hätten das gesehen und gesagt: «Na, guck mal
einer an!», und das natürlich als Bedrohung empfunden,
und deshalb hätte der König von der Schweiz dann verfügt,
dass ab diesem Moment alles nur noch ganz klein und zum
Ausklappen gebaut werden sollte.

Und alle Kinder machten: «Oooh!»

Der fiese Hennes hielt nach diesem Vortrag das Taschenmesser gut sichtbar am ausgetreckten Arm in der Hand,
während er mit der anderen Hand langsam und genüss-
lich die einzelnen Vorzüge und Möglichkeiten präsentierte.
Man konnte, wie von ihm prophezeit, die Klinge ein- und

ausklappen. Außerdem konnte man die Lupe ein- und ausklappen, die Schere ein- und ausklappen, die Feile ein- und
ausklappen, den Dosenöffner ein- und ausklappen und den
Schraubenzieher ein- und ausklappen. Die Pinzette und
den Zahnstocher konnte man rausziehen und wieder rein-
stecken.

Alle Kinder machten: «Oooh!»

Ich saß auf der Spitze meines Sandbergs und hörte Biggi,
Banda und Körmi miteinander tuscheln. Sie waren ebenso
beeindruckt wie die anderen und auch ein bisschen nei-
disch, wegen der Eigentumsverhältnisse dieser formidablen
Erfindung, die mehr konnte als ihr Besitzer.

Der fiese Hennes fragte, wer von uns die Spitze schwei-
zerischer Ingenieurskunst, also gleich nach Toblerone, also
dieses Taschenmesser, einmal höchstselbst kurz in Händen
halten wollen würde, um sich von Funktionalität und
Formschönheit höchstselbst zu überzeugen, selbstverständlich unter seiner Aufsicht, denn es sei ja irgendwie und
irgendwo auch eine Waffe und eigentlich natürlich nicht
für kleine Kinder, denn wir wüssten ja: «Only a mad man
would give a loaded revolver to an idiot.» Zitat von Ray
Bradbury, und alle Kinder riefen: «Ich!»

Es bildete sich eine kleine Schlange, und der fiese Hennes nahm sich Zeit und erklärte jedem Einzelnen noch einmal persönlich die einzelnen Vorzüge und Möglichkeiten,
inklusive Ein- und Ausklappen, und legte jedem Einzelnen
am Ende des Vortrags kurz das Taschenmesser in die Hand,
um jedem Einzelnen die Schanze zu geben, das Gewicht
in all seiner Schwere zu fühlen, und jeder Einzelne sagte:
«Wau!»

Ich dachte kurz darüber nach, dass es für Tante Creme ja ganz gut war, dass sie nicht in der Schweiz wohnte, denn sonst würde sie ja da spazieren gehen, und zack!, wären ihre Zähne in Frankreich, und dann würde es Ärger geben.

Biggi, Banda, Körmi und ich saßen noch immer auf der Spitze des Sandbergs und waren absolut desinteressiert. Biggi sah vielleicht zwei-, dreimal hin, aber eigentlich waren wir absolut desinteressiert. Ehrlich. Gut, Körmi und ich sahen auch zwei-, dreimal hin, aber ansonsten waren wir wirklich absolut desinteressiert. Sollten sich die Untertanen unter Tannen doch ein Taschenmesser aus der Schweiz zeigen lassen, was kümmerte das den König, dem ja eigentlich alles gehörte, weil er ja König war. Somit also eigentlich auch das Taschenmesser vom fiesen Hennes. Aber dann ließen wir ihn eben in dem Glauben, es sei sein Eigentum. Interessierte uns gar nicht. Der König des Sandbergs hatte immer alles, was er brauchte. Und was er nicht hatte, das brauchte er auch nicht.

«Ich brauche ein Taschenmesser!», sagte ich eindringlich zu Oma.

Und Oma fragte, ob ich denn glauben würde, schon alt genug zu sein für ein solch gefährliches Utensil, mit dessen Besitz ja auch Verantwortung einhergehe.

Was ich mit einem abschätzigen Lachen quittierte: «A-ha, ha, ha, ha, haaa!» Und hintanfügte ich, dass, wenn die verantwortungsloseste Person, die ich kennen würde, ein solches besitzen täte, dann, ja dann sei es wohl besser, ich wäre auch bewaffnet.

Oma sagte, sie hätte gar nicht gewusst, dass Didi ein Taschenmesser hätte, aber dieses Wettrüsten würde sie nicht unterstützen, also solle ich mir diese Idee mal aus dem Kopf schlagen. Und damit ging sie.

Ich klatschte mir mit Banda ein paarmal seitlich an die Schläfe, aber die Idee wollte nicht rausfallen. Ich fragte die gesamte Hausgarde, aber allen schien die Sicherheit des Königs völlig egal. Traurig. Ich würde beizeiten den Hofstaat auswechseln müssen.

Als ich schließlich Papa davon erzählte, sagte er, ein Taschenmesser habe er leider nicht, aber ich könne sein altes Messer von der Bundeswehr haben. Das sei damals kurz vor Dienstende von einem Laster gefallen, der direkt vor der Kaserne hergefahren sei. Ich vermutete, es müsse derselbe Laster gewesen sein, welcher auch bei Onkel Gustav hergefahren sei, und Papa und ich kamen überein, dass der nun wirklich mal was an seiner Ladeklappe machen müsste, sonst wär da bald nichts mehr drauf.

Papa ging in den Keller, kam kurze Zeit später mit dem Messer wieder und gab es mir, und alle Kinder sagten: «Wau!»

Also ich.

Es war komplett dunkelgrün, bis auf die Klinge selbstverständlich. Die steckte in einer metallenen Scheide, die dafür sorgte, dass das Messer, wenn man die Klinge herauszog, ein richtiges, echtes, supergutes messertypisches Geräusch machte: Zing!

Außerdem hatte es eine lederne Schlaufe, mit der man es an seinem Gürtel festmachen konnte. Im Ganzen war das Messer nur unwesentlich kürzer als mein Unterarm und somit um Längen länger als das bekloppte Taschenmesser vom fiesen Hennes. Wahrscheinlich sogar um ganze drei.

Astrein!

Papa grinste. Sollte einer fragen, hätte ich das aber nicht von ihm, sagte er und ging. Ich sah ihm hinterher und überlegte, warum er log. Oder ob er schon wieder vergessen hatte, dass es es mir gegeben hatte. Egal.

Es war wunderwunderschön und gefährlich!

Also genau wie ich.

Und selbstverständlich wollte es präsentiert werden.

Ich fand den fiesen Hennes unten an der Bieke. In der einen Hand hielt er sein Taschenmesser mit ausgeklappter Lupe, in der anderen einen großen schwarzen Käfer, einen sogenannten Balkenschröter, den er interessiert durch ebenjene Lupe betrachtete. Selbst als ich näher herantrat, bemerkte er mich nicht, war völlig versunken in seine naturwissenschaftliche Studie. Ich fand es bemerkenswert, dass sich der fiese Hennes überhaupt mit Naturwissenschaft befasste, so etwas hatte ich beim besten Willen nicht erwartet. Vielleicht war genau dieses Wissenschaftliche ja *seine* Begabung.

Der fiese Hennes setzte den Balkenschröter auf einen Stein, klappte die Lupe seines Taschenmessers ein und die Klinge aus, nahm den Balkenschröter wieder hoch und begab sich augenscheinlich daran, so etwas wie einen chirurgischen Eingriff vorzunehmen.

Ich trat noch einen Schritt näher heran, da stach der fiese Hennes mit der Spitze seiner Klinge seitlich in den Kopf des Balkenschröters, vollführte eine leichte Drehbewegung und klappte damit den schützenden Chitinpanzer überm Hirn vollständig auf.

Plopp!

Er sagte: «Na, guck mal einer an! Käfer Cabrio!»

Mir wurde etwas schlecht, und ich rülpste.

Als er mich bemerkte, warf er den Käfer achtlos in die Bieke, reinigte flink die Klinge seines Taschenmessers am Hosenbein, klappte sie ein und drehte sich zu mir. «Was is?», fragte er genervt. «Wisste Kloppe?»

Was für eine dösige Frage. Wenn ich Kloppe haben wollen würde, würde ich doch nicht den ganzen Weg hier runter bis zu Bieke gehen müssen. An die würde ich viel einfacher und sogar ohne mich zu bewegen kommen, wenn ich denn wollen würde. Ich hatte da so meine Methoden.

«Nee», sagte ich. «Ich wollte nur meinem neuen Freund … ähm … Schlachti mal die Gegend zeigen.»

«Wer issn Schlachti?»

Ich drehte mich etwas zur Seite, damit sein Blick auf meinen neuen Gürtelanhänger über einem meiner Hüftknochen fallen konnte. Und dahin fiel er.

«Er hier.»

Dem fiesen Hennes seine Fettaugen weiteten sich enorm, während er das Anhängsel überrascht fixierte und studierte. Er sagte etwas leise, mehr zu sich selbst: «Na, guck ma einer an …» Und dann etwas lauter an mich gewandt: «Wo haste das denn her?»

«Och», sagte ich beiläufig. «Das habe ich von meinem Vater. Und der hat es von seinem Vater, und der hat es von seinem Vater, und der hat es von seinem Vater, und *der* hat es von *deinem* Vater.»

«Was?» Hennes schien entsetzt.

«War nur Spaß», sagte ich und lächelte. «Ist ein altes Familienerbstück, nix Besonderes …»

«Lass ma sehen!»

«Och», sagte ich gelangweilt. «Na gut. Wennde unbedingt willst …»

Blitzschnell öffnete ich die Sicherheitslasche, griff den Griff, dafür war der ja da, und zog die Klinge heraus.

Zing!

Respekt! Das war es und nichts anderes, was in dem fiesen Hennes seine Pummelaugen stand. Respekt!

Er versuchte das große Messer kleinzureden: «Das is ja janich für zum Klappen.»

Ich reinigte mir mit der Spitze der Klinge wie beiläufig einen Fingernagel und sagte: «Wir sind ja hier auch nicht in der Schweiz.» Und fügte hinzu: «Ich meine, wenn ich meinen Arm wirklich, wirklich ganz und vollständig ausstrecken würde, dann wäre die Spitze dieser langen, wirklich langen Klinge wahrscheinlich auch in Frankreich, aber wer macht so was, hm? Die Franzosen sind doch auch nur Menschen.»

Der fiese Hennes lachte leicht, dann sagte er: «Menschen! Hä! Das sind Froschfresser!»

Ich stutzte. Dann fragte ich nach: «Froschfresser?»

Der fiese Hennes nickte: «Ja sicher! Die kochen, braten, grillen Frösche, und dann fressen die die.»

Ich war entsetzt: «Nicht dein Ernst?!»

Der fiese Hennes stand auf, legte eine Hand auf den Ort, wo sich tief drin vielleicht ein Herz befand, und schwor feierlich: «So wahr ich hier stehe!»

Ich schlug die Hacken zusammen, richtete die Spitze meines Messers gen Frankreich und rief: «Nehmt dies, verdammte Froschfresser!»

Der fiese Hennes klappte seine Taschenmesserklinge raus, stellte sich neben mich, berührte mit der Klinge die meine und rief: «Einer für einen und der für den andern!»

Ich blickte dem fiesen Hennes tief in die Augen und er in die meinen.

Ich sagte: «Für Körmi!»

Und er nickte und wiederholte: «Für Körmi!»

Und dann liefen wir los in Richtung Frankreich.

NACHMACHER

Meine Großcousine trug auf ihrem einen Auge immer so ein fleischfarbenes Pflaster. Das wurde über das gut glotzende Auge geklebt, damit das schlecht glotzende Auge sich mehr anstrengte und besser wurde, als es war. Und damit man nicht dachte, das zugeklebte Auge sei irgendwie zugeklebt oder gar zugenäht oder gar nicht gewachsen oder beim Zuzwinkern mitten im Vorgang einfach so stehen geblieben, hatte dieses Pflaster in der Mitte einen schwarzen Punkt, und der imitierte also ein echtes Auge.

Für mich allerdings sah das Ganze dadurch noch viel gruseliger aus. Ich hatte immer das Gefühl, als wäre dort ein veritables Loch und als könnte ich durch dieses hindurch in den Kopf meiner Großcousine schauen. Und da drin war nichts als Dunkelheit.

Noch gruseliger war, dass das vielleicht die Wahrheit war.

Wir saßen auf dem Bett in ihrem Zimmer und spielten «Nachmacher». Wir mussten abwechselnd uns bekannte Leute nachmachen, und der jeweils andere musste raten, wer gerade nachgemacht wurde. Erriet man es, war man selbst dran, jemanden nachzumachen.

Meine Großcousine hatte einen Heidenspaß daran, ich

allerdings hatte wenig Lust, jemanden nachzumachen, also tat ich so, als würde ich absolut nicht darauf kommen, wen sie da gerade nachmachte.

Sie hatte schon fünfmal Üttchen nachgemacht, zweimal Oma, zweimal Onkel Gustav und bestimmt siebenmal Hamburch. Onkel Gustavs Stute. Sie mochte anscheinend Pferde. Wobei sie beim Pferdenachmachen nicht etwa wieherte oder galoppierte, sondern sich bloß die Haare kämmte. Also gar nicht das, was das Pferd selbst tat, sondern das, was sie immer bei dem Pferd tat. Und dabei machte sie jedes Mal, wenn sie sich mit ihrer Puppenbürste durch die Haare fuhr, diesen wohligen Laut: «Hmm!» Also gar nicht das, was das Pferd selbst tat, sondern das, was sie immer tat, wenn sie es bei dem Pferd tat.

Ich empfand das als sehr wenig schlau und ließ sie regelmäßig auflaufen. «Warte! Ich komme gleich drauf! Nee, doch nich. Mach ma noch ma!»

Sie strich sich wieder mit ihrer Puppenbürste durch die Zotteln und machte: «Hmm!»

Ich tippte mir mit dem Zeigefinger ans Kinn und dachte laut und langsam nach: «Wer macht denn ‹Hmm›, wenn er sich die Haare kämmt … und hat bloß ein Auge? Hmm. Vielleicht du?»

«Falsch!», sagte meine Großcousine und wiederholte den Vorgang.

Und ich gab wieder auf: «Nee, ich komm nicht drauf. Mach ma noch ma den anderen!»

Sie machte dicke Backen und glotzte mich an. Zum sechsten Mal Üttchen. Ich tippte mir wieder mit dem Zeigefinger ans Kinn und dachte laut und langweilig nach:

«Wer hat denn so ein Mondgesicht und bloß ein Auge? – Vielleicht du?»

Und meine Großcousine: «Nee!» Und tat wieder so, als würde sie sich aus einer kleinen Flasche ein Getränk in den Hals schütten. Zum dritten Mal Onkel Gustav.

Ich: «Wer schluckt denn gern einen Schluck und hat bloß ein Auge? – Vielleicht du?»

Und meine Großcousine lachte und freute sich: «Wieder falsch!»

Wenigstens einem schien das Spiel Spaß zu machen.

Sie fing wieder an, sich die Haare zu bürsten. Zum elfzigsten Mal Hamburch. Im tiefschwarzen Punkt ihres Pflasters nicht ein Hauch von Helligkeit.

Ich hatte es satt und machte dem Leid ein Ende: «Vielleicht Hamburch?»

Meine Großcousine stöhnte genervt auf und sagte «Du bist!», bürstete aber einfach weiter.

Nun war es also an mir.

Na gut, dachte ich, dann will ich ihr mal zeigen, wie man richtig, also *wirklich* richtig ein Pferd nachmacht. Ich nahm das Bündchen meines Frotteepullovers, rieb mir damit die Spucke von den Schneidezähnen und denen daneben und klappte dann meine Oberlippe nach innen, wo sie aufgrund von Trockenheit dann am Zahnfleisch eingerollt haften blieb. Meine obere Kauleiste war nun also mittig komplett freigelegt. Allerfeinste Hauer strahlten in dunklem Elfenbein.

Meine Großcousine erstarrte mitten im Bürstvorgang, und ihr eines Auge blickte mich staunend an.

Sie sagte: «Mama?»

GUCK MAL, WAS DER ONKEL HIER HAT

Apropos Mama. Als wir in Salzuflen City wohnten und nachdem ich in der Grundschule Elkenbrede eingeschult worden war, sagte Mama zu mir, jetzt beginne ja der Ernst des Lebens, und zum Ausgleich solle ich mir doch ein Hobby suchen. Ich dachte kurz an einen leeren Kellerraum, in den ich mich reinsetzen könnte, überlegte es mir dann aber doch anders und trat den Pfadfindern bei, die kurz zuvor an der Grundschule Werbung gemacht hatten.

Ich wusste von den drei Kollegen vom Fähnlein Fieselschweif, dass die immer Mützen aus toten Waschbären trugen und alten Damen über die Straße halfen. Besonders Letzteres konnte man in Salzuflen so ziemlich überall machen, es gab also genug zu tun.

Ich entschied, vor dem Besuch der ersten Gruppenstunde ein bisschen zu üben, nicht dass die sofort erkannten, dass ich von der Materie eigentlich überhaupt keine Ahnung hatte.

Eine Straße war genau vorm Haus, mir fehlte jetzt bloß noch eine alte Dame. Eine Wildfremde wollte ich nicht nehmen, denn nachher würde vielleicht irgendwas passieren, und dann würde die alte Dame noch von irgendjemandem vermisst werden, und Vermissen ist ja nicht so schön. Also sagte ich zu meinem Bruder, er müsse mir jetzt mal helfen.

Zuerst wollte er nicht so richtig, aber ich versprach ihm, bei der nächsten Schlägerei würde er von mir einen Schlag weniger bekommen, das sei doch wohl ein faires Angebot, und das sah er dann auch ein.

Um Authentizität herzustellen, müsse er nun bloß noch diesen Rock anziehen und diesen Sonnenhut aufsetzen, dann wären wir so weit.

Auch das wollte er erst nicht, mir blieb also nichts anders übrig, als auf «zwei Schläge weniger» zu erhöhen.

Was für ein gerissener kleiner Geschäftsmann!

Die ersten zweiundvierzig Überquerungen verliefen reibungslos.

Lediglich einmal tuschierte uns eine alte Dame, die in entgegengesetzter Richtung unterwegs war.

Ich rief ihr hinterher, sie solle gefälligst aufpassen!

Glaubte wohl, die Straße gehöre ihr, was? Wenn sie das in ihrem Alter nicht mehr draufhätte, das «über die Straße gehen», dann solle sie sich gefälligst einen Pfadfinder besorgen wie jeder andere vernünftige Mensch auch!

«Mann, Mann, Mann, diese alten Damen …», sagte ich kopfschüttelnd.

Da bremste plötzlich ein hellbeiges Auto ab, die Scheibe wurde heruntergekurbelt, und ein wildfremder Mann sagte zu uns: «Guck mal, was der Onkel hier hat, hm? Was ist das denn, was ist das denn?» Und hielt uns etwas auf seiner Handfläche entgegen.

Mein Bruder besah es sich und sagte: «Schokolade!»

Das sei vollkommen korrekt, sagte der Wildfremde und

fügte hinzu, dass meine kleine Schwester, weil sie das so gut erkannt hätte, jetzt bei ihm einsteigen und das Stück Schokolade aufessen dürfe.

Und ich auch.

Ich sagte, das sei ja wohl Quatsch! Bei dem Wetter! Das Stück Schokolade sei ja schon ganz weich. Bevor man das im Mund hätte, sei es einem in den Flossen ja schon zerflossen. Und überhaupt! Ein Stück Schokolade für uns alle beide? Das sei ja wohl ziemlich knickerig! Er solle sich mal nicht lächerlich machen und nächstes Mal, wenn so ein Wetter sei, lieber mit einem Eis um die Ecke kommen! Und zwar Pistazie! Und zwar zwei Kugeln!

Noch bevor mein Bruder seine Bestellung aufgeben konnte, war der Wildfremde mit seinem hellbeigen Auto verschwunden.

Die Hundert vollzumachen, schafften wir leider nicht mehr, denn dann war es so weit, und ich musste zu meinem allerersten pfadfinderischen Gruppennachmittag. Mir gefiel es eigentlich ganz gut, obwohl ich schon etwas enttäuscht war, dass es keine toten Waschbären zum Aufsetzen gab.

Trotzdem blieb ich eine Weile.

Zwölf Jahre lang.

WULLACKEN

Apropos lang. Oma war supergut darin, superlange Tapetenbahnen mit Kleister zu versehen. Als wir nach Salzuflen gezogen waren und Mama und Papa die Pension übernommen hatten, wurden kurz darauf beide Lokationen mit neuem Wandkleid versehen. Und da es sich bei beiden Häusern um Altbau handelte, waren die normalen Tapetenlängen an sich schon länger als normalerweise, und im Treppenhaus, wo sich eine Bahn dann schon mal über fast zwei Stockwerke erstreckte, da waren sie dann eigentlich unmenschlich lang. Stinknormale Menschen hätten diese Länge niemals bewältigen können. Im Leben nicht! Nicht mal mit Anlauf. Sie wären bereits beim Einkleistern gescheitert, hätten sich verheddert und hätten dann den größten Fehler überhaupt gemacht und versucht, ohne Sinn und Verstand zu fliehen, und hätten sich dann nur noch mehr vertöddert, und dann hätten sie ausgesehen wie eine Mumie, und dann hätten sie in Wut und in Brass alles zerrissen und dem Auftraggeber den ganzen Kladderadatsch vor die Füße gepfeffert und hätten gesagt: «Mach doch selber!»

Für solch eine Aufgabe, so Oma, brauche es also schon eine Person mit besonnenem Sinn und Verstand, und genau aus diesem Grund könne Papa das wohl kaum alleine machen.

Und so stand Oma mit dem Quast in der Hand am Tapeziertisch und war richtig am Wullacken, tunkte den fetten Pinsel in den Eimer und massierte mit diesem den Kleister lückenlos in die Rücken der unmenschlich langen Papierläufer ein. Danach faltete sie diese in und mit einer ausgeklügelten Technik zusammen, auf dass das Klebemittel einen Moment lang noch gut einwirken konnte, was positive Auswirkungen auf sein Klebeverhalten an der Wand hatte, und dann kam die nächste unmenschlich lange Bahn an die Reihe.

Oma wusste den Reifegrad des einziehenden Kleisters exakt zu bestimmen und entschied somit, wann es für Papa an der Zeit war, die unmenschlich langen Tapeten an die Wand zu verbringen.

Mit ihm zusammen wurde dann, Hand in Hand, die ausgeklügelte Falttechnik rückgängig gemacht, behände, behände, und Papa mit dem einen Ende des unmenschlich langen Papiers die Leiter heraufgeschickt, während Oma das untere Ende des unmenschlich langen Papiers an die bereits zuvor verklebte Bahn sortierte.

Und zwar exakt!

Und zwar auf Naht!

Alles andere wäre mit ihr als gelernter Schneiderin nicht zu machen, so Oma.

Papa stand in schwindelerregender Höhe auf einer Sprosse und klopfte mit einer flachen, breiten Bürste die Luftblasen aus der Tapete, Oma stand unten, zeigte mit dem Zeigefinger irgendwohin und sagte: «Da noch!»

In der Pension stand Omma Göllner im Treppenhaus, sah Oma durchaus anerkennend zu und sagte kopfschüttelnd und leise und immer wieder: «Also ich könnt das nich! Also ich könnt das nich!»

Bis Oma sich mit dem Unterarm Schweiß und Arbeitslocke aus dem Gesicht wischte und sagte: «Wissen wa jez!»

Und dann: «Krich du mich ma 'ne Sinalco aussen Keller, das kannste doch, ne?»

In unserem Wohnhaus stand Frau Hofstiefel im Treppenhaus, sah Oma durchaus anerkennend zu und sagte kopfschüttelnd und immer wieder: «Dass du das noch kannst! Dass du das noch kannst!»

Und Oma wischte sich mit dem anderen Unterarm Arbeitslocke und Schwitze aus dem Gesicht und sagte: «Jelernt is jelernt!»

Und Frau Hofstiefel sagte: «Also ich könnt das nich!»

Und Oma sagte: «Krich du mich ma 'ne Sinalco aussa Garage! Aber pass auf! Draußen is alles voll Taubenscheiße!»

Wie viele Quadratmeter Tapete Oma und Papa gemeinsam angebracht haben, hat nie ein Mensch ausgerechnet. Wahrscheinlich, weil es unmenschliche viele wären.

Als Papa Oma anschließend vorschlug, er könne mit dem Rest, den er noch übrig hatte, doch auch ihren Flur tapezieren, sagte Oma: «Das lohnt nich mea!»

Das Beste eines solchen Arbeitstages war, dass es am Ende immer «Baustellenessen» gab. Denn «Baustellenessen» war unglaublich lecker. Es handelte sich dabei um Essen, das man nicht selbst machen musste, sondern irgendwo abholen konnte, wo es bereits von jemand anderem gemacht worden war. Wunderbar!

Ich nahm immer Pommes mit Mayo, und was Oma nahm, erzähl ich jetzt.

PLOCKENOTTO

Oma war eine der besten Köchinnen überhaupt. Ich glaube, ich hab's schon mal erwähnt. Es gab allerdings kulinarische Köstlichkeiten, die konnte sie in ihrer Kochnische selbst nicht erstellen. Nicht herstellen. Nicht produzieren. Zumindest nicht so, dass sie am Ende geschmacklich genauso gewesen wären, wie sie denn zu sein hatten.

Eine dieser Speisen war: Bratwurst!

Natürlich konnte Oma eine Bratwurst gar kriegen, aber eben nicht über Holzkohle gegrillt. Und genau darum ging es. Denn «Grillen» gab es in Omas Jugend noch nicht. Das sei neu, sagte Oma, das hätte es früher so nicht gegeben. Schade, fügte sie an, denn das sei ja wohl mal was lecker!

Einer gegrillten Bratwurst konnte Oma nicht widerstehen. Und wollte sie auch gar nicht. Wenn Papa sie und Üttchen telefonisch im Sommer zu uns einlud, war Omas erste und einzige Frage, die eigentlich gar keine Frage war, sondern ein Befehlssatz: «Grillste, ne?»

Und wenn Oma uns telefonisch im Sommer zu sich einlud, sagte sie, sobald man abgehoben hatte: «Bringste den Grill mit, ne?»

Und legte auf.

Was zu seltsamen Situationen führte. Einmal klingelte

bei uns das Telefon, und mein Bruder ging dran und sagte «Ja?» und legte nach zwei Sekunden wieder auf, und Mama fragte, wer denn da dran gewesen sei und mein Bruder sagte: «Bringste den Grill mit, ne?»

Woraufhin unsere Familie sofort und auf der Stelle alles Nötige plus Grill zusammenpacken und zu Oma fahren musste. Wehe, wenn nicht!

Wenn wir dort ankamen, stand Oma schon auf der Einfahrt und trocknete sich mit ihrem Lieblingstaschentuch die Lefzen.

Wenn richtig Wetter war, mit Sonnenschein und allem Drum und Dran, und Omas Heißhunger auf Grillwurst ein großer, wählte sie wahllos mehrere Nummern aus ihrem handgeschriebenen Telefonbüchlein an, und nachdem am anderen Ende abgehoben worden war, sagte sie: «Bringste den Grill mit, ne?», und legte wieder auf.

Irgendeiner würde schon kommen. Meist kamen alle. Denn Omas Ruf nicht Folge zu leisten, traute sich keiner. Aus Gründen. War besser so.

Doof war nur, wenn kein Sommer war. Also auch kein Wetter. Dann konnte es trotzdem sein, dass Oma nach ihrer Droge gierte, und natürlich wusste sie einen Weg, daran zu kommen. Der führte die Lockhauser Straße hinab, dann über den Zubringer und dann weiter die Asper Straße runter, nach Schötmar, an der Texaco-Tankstelle vorbei, wo uns oft Didi zuwinkte, und unten am Tivoli dann links.

Selbstverständlich alles mit dem Neckermann. Und das Beste an der Strecke war, man konnte die ganze Zeit rollen, musste also nicht treten.

Ich selbst, der sie so manches Mal dabei begleitet hat,

hätte auch gar nicht treten können, denn weil ich schon etwas größer geworden war, waren meine Füße mit Einmachgummis auf den am Radrahmen fixierten, klappbaren Fußabstellplätzen fixiert, dass die nicht in die Speichen gerieten, während ich ansonsten natürlich in der Aluminiumschale am Lenker weilte und von dort, obwohl ich schon etwas größer geworden war, Oma dann und wann ein Küsschen gab. Denn für Küsschen, das weiß ein jeder, ist man nie zu groß und nie zu alt, egal, ob Wetter oder kalt!

Die Küsschen auf dem Weg zu Omas Dealer ihres Vertrauens allerdings waren etwas feuchter als andere, denn Oma leckte sich den ganzen Weg lang die Lippen.

War man beim Tivoli abgebogen, rollte man bloß noch kurz über die Brücke, auf der einen Seite Priesent, das Schötmaraner Elektrofachgeschäft, auf der anderen die TEKA, Abkürzung für Tengelmannkaufhaus, wo Mama Friseurin gelernt hatte, dann war man schon bei «Plockenotto».

Ein verschlagener Holzverschlag mit Butzenfenstern, irgendwann von Müllers ihrem Otto eröffnet, damals noch mit dem hochschiebbaren «To-go-Fenster», wo es auch Pommes in der Tüte gab – heute völlig out –, und warum der Verschlag «Plockenotto» hieß, wusste niemand so genau oder wollte es nicht wissen, und auch Oma war das völlig unverständlich, denn feineres Bratwerk habe sie noch nicht gegessen, und das solle was heißen, denn sie habe schon einiges gegessen, auch mit Plocken, und dagegen seien die hier höchstens Plöckchen! Höchstens! Wenn's hochkam! Aber wenn's hochkäme, sei's eh zu spät, so Oma.

Wenn Oma und ich bei «Plockenotto» vorfuhren, stand

Heinz hinter der Scheibe und sagte: «Die Frau Kaufmann und der Herr Göllner.»

Und schon kurz danach gab es eine Bratwurst auf die Hand. Von dieser natürlich getrennt durch eine flache Pappschale mit ordentlich Senf. Wir brauchten nicht mal vom Fahrrad abzusteigen. Ich hätte es ohne fremde Hilfe sowieso nicht geschafft, und Fremde waren dort ja nicht. Nur Oma und ich.

Und Heinz. Der übrigens in einer Laune damals irgendwann auch diesen bekannten Ketschapp erfunden hat. Erzählt man sich.

Noch Jahrzehnte später, wann immer ich dort etwas essen ging, stand Heinz hinter der Scheibe und sagte: «Der Herr Göllner!» Genauer gesagt, bis letztes Jahr. Dann ging er in Rente.

Heinz kannte die ganze Stadt mit Nachnamen. Und wir alle bloß seinen Vornamen. Denk da mal drüber nach …

Hatten Oma und ich die Wurst vertilgt, ging es wieder heimwärts. Den ganzen Weg nach Hause musste Oma den Neckermann und mich dann leider schieben, da es ja bergauf ging und der Neckermann das nicht schaffte, aber das, so Oma: «Das isses wert jewesen, ne?»

Und ich nickte, und dann gaben wir uns ein Küsschen.

Mit ordentlich Senf.

Und beide haben wir gelacht.

FORELLE FLAU

Apropos Senf! Wenn ich nicht zur Schule musste, also am Wochenende oder in den Ferien, mussten Mama und Papa trotzdem zur Arbeit, und ich musste mit. Und mein Bruder auch. Denn allein zu Hause konnten wir nicht bleiben.

Auf keinen Fall!

Und während meine Eltern in der Pension am Wirtschaften waren, ging ich runter in Opas Wirtschaft und dort in die Küche zu Dana, Opas Köchin. Denn die ließ mich immer auch selbst etwas kochen.

Ich bekam eine der Gasflammen zugewiesen und einen eigenen Topf und zauberte in diesem die schmackhaftesten Glutamatsüppchen, die die Welt je gesehen hatte. Gegessen hat sie immer bloß mein Bruder. Dem verkaufte ich diese hoch eigenwilligen Kompositionen als Futter von internationalem Rang und Format mit den Worten, man müsse ja auch mal über den Suppentellerrand schauen.

«Hier! Probier! Suppe alla Brudi! Ungekochte Spaghetti in prägnantem Heißwurstwasser! Aus Rom!»

Oder: «Hier! Probier! Die kleine Schwester von Hochzeitssuppe! Überraschungsbrühe! Aus Paris!»

Oder: «Hier! Probier! Ganz ohne Gas gekocht! Kaltschale mit rohem Eierstich an knusprigen Kartoffelschalen! Aus Grönland!»

Wenn er nicht probieren wollte, griff ich mal kurz wieder in meine Negativmotivationskiste: «Ich wette, du schmeckst nicht, was da alles drinne is!»

Üttchen hätte geantwortet: «Das wette ich auch.» Mein Bruder begann zu schlucken und zu raten. Hatte aber vergessen, abzumachen, um was wir wetteten.

Was für ein Döspaddel!

Kochte ich dann meine Köstlichkeiten und Dana fing an, neben mir Senfsoße vorzubereiten, wusste ich, es war Freitag. Und wenn Freitag war, wusste ich, es war wieder so weit. Opa würde gleich wieder mit der zitternden weißen Tüte hereinkommen. Und davor hatte ich immer irgendwie Angst.

An einem dieser Freitage jedoch lief es dann ganz anders. Opa kam rein, trug keine Tüte bei sich, sondern sagte, ich sei jetzt alt genug, ich könne ihm diesen Gang nun abnehmen, denn er müsse noch die Tageskarte tippen, und dann gab er mir ein Scheinchen und sagte: «Sechs Stück!» Und schob mich nach draußen.

Da stand ich nun. Und mir wurde übel, denn mir war klar, ich würde es jetzt wohl oder übel durchziehen müssen, denn ich war ja alt genug, hatte Opa gesagt, und der hätte das ja nicht gesagt, wenn das nicht auch so wäre, und würde ich es also *nicht* machen, obwohl ich ja alt genug war, würden alle denken: «Was ist das denn für ein Kleinkindbenehmen, der ist doch eigentlich alt genug.»

Mistekiste.

Ich ging betrübt bis zur Ampel und drückte den Knopf.

Das rote Männchen ging aus, das grüne Männchen ging an.

Ich überquerte die Straße und war nun in der Fußgängerzone. Den Weg kannte ich. Der war kein Problem. Das Ziel befand sich gleich neben Photo Porst, wo ich mir, ebenfalls eigenständig, immer die neuesten Kassetten der *Drei ???* besorgte. Der Rückweg, der war das Problem. Ich wünschte, Oma hätte recht gehabt, und der Weg wäre das Ziel gewesen, aber damals war er das nicht.

Ich dachte noch darüber nach, dass *Die drei ???* ja auch auf einem Schrottplatz arbeiteten, da stand ich auch schon vor meinem Ziel.

Ich betrat den Fischladen, und die Klingel machte Paschwimm-Paschwimm.

Der Fischverkäufer kam, baute sich vor dem riesigen Aquarium auf und fragte freundlich, was es denn sein dürfte.

Ich sagte, ich hätte gern sechs Forellen.

Der Fischverkäufer drehte sich ein wenig um die eigene Achse, machte einhändig eine repräsentable Geste in Richtung Aquarium und fragte, welche es denn sein sollten.

Die Forellen schwammen etwas träge dahin. Umso wacher schienen ihre Augen. Alle sahen mich an. Starrten und stierten, als wollten sie sagen: «Nimm die neben mir!»

Der Fischverkäufer beugte sich etwas zu mir herüber und fragte sehr höflich nach: «Na?»

Nutze deine Schwäche zu deinem Vorteil, hatte Oma einmal zu mir gesagt, und ich hatte nicht verstanden, wie sie das gemeint hatte, aber just in diesem Moment fiel es mir wieder ein, und ich wusste, was sie gemeint hatte.

Ich sagte: «Die ganz rechts!»

Es war völlige Willkür, denn ich hatte keine Ahnung, wo rechts war.

In einer blitzschnellen Bewegung war der Fischverkäufer herumgeschnellt, hatte aus dem Nichts einen Kescher gegriffen, war damit einmal flott an der von mir beschriebenen Seite durchs Wasser gefegt, hatte eine der Forellen eingefangen, warf diese auf ein rotfleckiges weißes Plastikbrett, schnappte sich einen Holzknüppel und schlug zweimal kräftig zu.

Plock-Plock!

Dann griff er die Forelle, steckte sie in eine weiße, beängstigend dünne Plastiktüte und sagte sehr befriedet und lang gezogen: «Jaaah!»

Die Tüte zitterte.

Ich ebenso.

Der Fischverkäufer lächelte mich plötzlich wieder sehr freundlich und zuvorkommend und höflich an und fragte ebenso freundlich und zuvorkommend und höflich, welche es denn jetzt sein dürfe.

Ich fragte mich, ob das nicht vielleicht gerade zwei Fischverkäufer gewesen waren. Und wie ich nicht mitbekommen haben konnte, dass die kurz die Plätze getauscht hatten, damit der böse Bruder flott die Forelle erschlägt, auf dass der nette Bruder dann die weitere Bestellung aufnehmen konnte.

«Na?»

«Die ganz links.»

Völlige Willkür. Ich hatte keine Ahnung, wo links war.

Eine gefühlte Stunde später ging ich durch die Fußgängerzone zurück zur Pension. In der zittrigen Hand meines aus-
gestreckten Arms hielt ich eine weiße zitternde Plastiktüte.
Ich hätte vor Angst sterben können. Und das wäre nicht
mal schlimm gewesen, denn ich war ja nun alt genug für
den Tod.

Bei Opa wieder angekommen, schüttete er die Forellen
ins Waschbeckenwasserbad, wo sie zittrig und auf der Seite
liegend weiterschwammen. Alle Fischaugen sahen mich
vorwurfsvoll an. Mir wurde ganz flau in der Magengegend.
Mir war ein wenig schlecht.

Opa sagte: «Gut gemacht!», und das Restgeld durfte ich
behalten. Da ging es mir dann ein wenig besser. Aber nur
ein wenig.

Wir gingen in die Gaststätte, wo Opas Freund Keule wieder an seinem angestammten Platz am Tresen saß, vor sich
ein halbes Glas Bier, und Opa erzählte ihm, sein Enkel sei
jetzt ein Mann, er habe nämlich soeben vollständig eigenständig die freitägliche Zittertüte besorgt. Keule machte anerkennend große Augen und sagte: «Ooooh!» Und fügte an,
er habe sich das bisher noch nicht getraut. Und ich wurde
etwas aufrechter in meiner Haltung und sagte: «Tja, wer
kann, der kann, und wer nich, der nich», und lächelte dünn.

Keule deutete auf sein halb leeres Glas Bier und sagte zu
Opa, das sei ja doof, die Krone sei schon wieder weg. Opa
legte die flache Hand auf die Öffnung des Bierglases, um-
griff es mit der anderen, schüttelte es einmal kurz, stellte es
zurück und sagte: «Wieder da!»

Und Keule, den Tränen nahe, sagte: «Danke schön!»

Jahre später, am Ende meiner Teenagerzeit, erzählte ich

Opa mal, dass mich dieser Forelleneinkauf, damals, noch sehr lange nachhaltig beeindruckt und beschäftigt hatte, und Opa hatte genickt und gesagt, er selbst hätte auch noch das ein oder andere Mal daran gedacht. Wahrscheinlich sei ich damals doch noch zu jung gewesen.

Für den Tod.

Opa wurde in seinen letzten Jahren schwer krank und musste regelmäßig zur Dialyse. Als es ihm besonders schlecht ging und ich davon erfuhr, fuhr ich ins Krankenhaus nach Detmold und besuchte ihn. Wir saßen allein auf seinem Zimmer, und er war noch dünner und eingefallener, als er ohnehin schon gewesen war.

«Macht die Musik», fragte er.

Das Gespräch war eher ein Monolog, ich erzählte viel, und Opa hörte viel zu. Eigentlich wie bei einem unserer Konzerte. Oder auch wie abends bei ihm auf der Arbeit. In der Kneipe. Am Tresen. Und da ging mir auf, dass es ja nicht bloß Menschen brauchte, die viel zu erzählen hatten, sondern auch die, die sich das alles anhörten. Und so einer war mein Opa.

Das Ende des Besuchs wurde von ihm eingeleitet. Ich solle jetzt mal gehen. Ich hätte bestimmt Besseres zu tun, als hier mit ihm im Krankenzimmer rumzusitzen.

Ich verneinte, aber Opa blieb standhaft. Er holte einen Geldschein aus seiner Hemdtasche und gab ihn mir.

Ich wollte ihn nicht annehmen, doch Opa bestand darauf. «Was soll ich denn damit? Den brauch ich doch hier nicht mehr.» Er klopfte mir auf die Schulter, dann sagte er: «Mach's gut, Marco!»

Und ich ging.
Opa sollte recht behalten.
Den Geldschein brauchte er nicht mehr.

KORNFELDERFREIHEIT

Es war ein langer, heißer Sommertag.
Bald wäre wieder Weihnachten, dachte ich noch. Und vorher hätte ich sogar noch Geburtstag! Wie wunderbar!

Ich war lang und dünn und schlaksig und rannte somit absolut unbeschwert durch die reifen Kornfelder, oben am Mühlenbrink.

Einer dieser heißen Windstöße drückte mir satt ins Gesicht, da sah ich den Dicken Danzig dasitzen. Er sah sehr müde und geschafft aus. Die Augen waren ganz klein, und beide Ohren hingen schlapp am Kopf herab. Wahrscheinlich war ihm einfach zu warm. Und er konnte ja nicht sein Kaninchenfell ablegen, wie Tante Hilde es konnte.

Ich kniete mich vor ihn und streichelte ihm über den Nasenrücken. Er ließ es sich gefallen.

Wir hatten uns den ganzen Sommer nicht gesehen, bis auf das eine Mal mit Onkel Gustav. Ich überlegte, was er wohl den ganzen Sommer über gemacht hatte? Wo er wohl überall gewesen war, und was er wohl alles gesehen und erlebt hatte? Eins war auf jeden Fall sicher: Er war frei gewesen! So frei, wie ich eben gewesen war, während ich durch die Kornfelder gerannt war.

Was würde das erst für eine Freiheit sein, wenn ich nicht

mehr zum Abendbrot zu Hause sein müsste? Und was für ein Abenteuer?

Ich kraulte dem Dicken Danzig den Nacken, und er ließ es sich gefallen.

Ich überlegte, dass wir zwei doch abhauen könnten. Ja! Um gemeinsam durch die Felder in die Freiheit zu hüpfen.

Aber bald schon wäre der Sommer zu Ende, und Oma würde wieder die Tulpenzwiebeln in den Keller bringen und das Gemüse aus den Beeten holen und die Ernte einfahren, und schon bald darauf würde es kalt und ungemütlich werden, und was sollten der Dicke Danzig und ich dann mit all dieser unserer Freiheit anfangen? Hier draußen? Im Feld? Im Kalten?

Und überhaupt sah er doch jetzt schon so müde aus.

Ich entschied, dass unsere Freiheit im nächsten Sommer weitergehen sollte. Wenn es kalt ist, sollte man lieber bei denjenigen sein, die es einem warm machen. Und Essen machen. Und auf einen aufpassen tun.

Ich nahm den Dicken Danzig auf den Arm und fühlte, er war viel leichter als sonst. Die Freiheit schien ganz schön an ihm gezerrt zu haben. Oder von ihm gezehrt. Wahrscheinlich sogar beides.

Ich trug den nicht mehr ganz so Dicken Danzig die Lockhauser Straße runter zu Frau Scholz.

Im nächsten Frühjahr würde ich mit Didi wieder nachts den Schieberiegel abschrauben und anschließend mit dem Dicken Danzig frei durch die Felder hoppeln. Und Didi würde auf dem Mofa hinter uns herfahren. Denn Freiheit war ja für jeden etwas anderes.

Frau Scholz freute sich sehr, als ich ihr den Dicken

Danzig übergab, und hatte Tränen in den Augen und sagte, jetzt würde das an Weihnachten doch noch richtig lecker werden, das sei ja «scheen». Und ich sagte, auf Weihnachten würde ich mich auch schon sehr freuen.

Ich überquerte die Straße und sah den fiesen Hennes einsam am Fuße meines Sandbergs sitzen. Er hielt etwas Blaues in der Hand und schnitzte mit seinem Taschenmesser daran herum. Um sich herum bereits viele blaue Brösel.

Ich kam näher und fragte: «Was machst du da?»

Und er antwortete: «Schlümpfe schälen!»

Dann warf er den weg, den er in der Hand hielt, und schnappte sich einen neuen. «Will wissen, ob die innen auch alle blau sind!»

«Und?», fragte ich.

«Bis jetzt ja», antwortete er und schnitzte weiter.

Das musste man dem fiesen Hennes lassen, wenn er etwas wirklich wissen wollte, dann bewies er Durchhaltevermögen und ging der Sache gründlich auf den Grund. In jenem Moment dachte ich, vielleicht war genau das *seine* Begabung. Jahre später allerdings hörte ich, er würde jetzt auf einem Schrottplatz arbeiten.

Ich ging durch das Tor, und Üttchen stand am Birnbaum. Mein Bruder war gerade ein paarmal drum herum gelaufen, jetzt schwankte er und sagte, ihm sei schwindelig. Die beiden sahen sich in Größe und Form verdächtig ähnlich. Üttchen sagte zu ihm: «Musste einfach andersrum den chanzen Wech zurücklaufen, dann cheht's wieda!»

Als ich an den Garagen vorüberging, überholte ich Willi Tödheide. Er war noch immer fröhlich flöttkernd auf dem Weg. Glücklich. In seinem ganz eigenen Tempo.

Ich trat um die Ecke in den Hof, blieb stehen und sah mich um. Oma hatte wieder telefoniert. Mehrere Grills standen auf dem Rasen, und alle waren gekommen.

Alle.

Ich sah meinen Großcousin. Er stand am kuchengefüllten Tapeziertisch und war gerade dabei, mit seinem Sunkisten-Strohhalm Berliner auszusaugen.

Ich sah meine Großcousine, wie sie Hamburch beidhändig und beidäugig mit einem wohligen Laut die Haare bürstete, ihr Pflaster mit dem schwarzen Punkt klebte auf einem der beiden Pferdeaugen.

Ich sah Onkel Friedlich friedlich auf dem Bauch auf einer der Liegen liegen, und Tante Creme cremte ihm den Rücken ein.

Ich sah Tante Hilde, die Omma Göllner gestenreich das Neuste von Irmchen und Jürjen erzählte.

Ich sah Didi auf Mofa sitzen und den Tank streicheln, während Opa danebenstand und ihm soeben für immer zehn Mark lieh.

Ich sah Frau Hofstiefel auf der Bank vor der Diele, wie sie sich mit einem Stöckchen irgendwas Weißes von den Sohlen ihrer Schuhe abkratzte.

Ich sah Onkel Helmut mit einer Bierflasche und einem Feuerwehrhelm bewaffnet an einem der Grills stehen und Würstchen wenden.

Ich sah Papa auf einem der Stühle sitzen, während Mama mit einer Schere hinter ihm stand und fragte: «Wie willstes denn?» Dann hörte ich Papa zu Mama sagen: «Wie immer.» Und als sie anfing, ihm die Haare zu schneiden, dachte ich kurz darüber nach, ob es vielleicht gar nicht an Mama lag, sondern an Papa, dass er immer gleich aussah.

Und ich sah, wie Onkel Gustav gerade Tante Ulla Wacholder nachschenkte. Und hörte Oma, die neben den beiden saß, auf ihr leeres Pinneken deutete und sagte: «Da noch!»

Und ich wusste: Irgendwas kann jeder.

Ich blickte mich um und sah meine Freunde und meine Familie im abnehmenden Licht des langen Sonnenuntergangs, ihre Konturen zerfranst durch goldenen Schein. Die Luft flirrte, die Schatten dampften, einzelne Haare strebten aus Frisuren und lösten sich auf in weißglühendem Glanz.

Es sah aus wie ein Bild. Wie eine kontrastreiche Fotografie, wohlig und satt und prall und fett und schön.

Und plötzlich zitterte das Bild.

W   e   l
    a   ck   te.
Flacker-Flacker-Flacker!

Ich sah nach oben in den Himmel, da tat es einen Knall:

Rommsti-Bommsti-Wommsti!

Oma schrie aus voller Kehle: «JEWITTAAAAAA!»
Und stürzte in Richtung Hintertür und wir alle mit ihr.

Und wortwörtlich aus dem Blauen heraus prasselte im selben Moment ein Sturzbach von Regen auf uns nieder.

Schwall!

Wir alle rannten, so schnell wir konnten, doch niemand von uns erreichte das Haus trocken.

VIELLEICHT, JA GANZ VIELLEICHT

Oma saß in geblümtem Sommerkleid und elfenbeinfarbener Strickjacke mit dem Popo auf der zweiten Stufe der Treppe nach oben und zählte: «Einnzwanzich, zweinzwanzich, dreinzwanzich …»

Dann gab es erneut einen mächtigen Donner: Rommsti-Wommsti-Bommsti!!!

Die Scheibe des Fensters zitterte im Rahmen, und Oma sagte leise: «Zieht langsam wieder wech.»

Dann war absolute Stille.

Bis auf die Tropfen, die aus unser aller Kleidung gen Boden fielen: Plipp! Plopp!

Der grüne Teppichboden war mittlerweile stellenweise dunkelgrün und gab ein schmatzendes Geräusch von sich, wenn jemand sich bewegte.

Das Treppenhaus war so voll wie noch nie, und alle, wirklich alle, treppauf, treppab, starrten angstvoll hinaus in das Unwetter.

Üttchen lachte auf einmal leise, wo sie doch eigentlich sonst nur wackelte, und Oma zischte: «Was is?»

Und Üttchen sagte: «Bummel!»

Und Oma zischte: «Bisse leise! Der Blitz hat Ohan!»

Und ich war auf einmal ganz beseelt und sah Üttchen an,

wie sie lachend wackelte, und dann hob sie einen Daumen hoch und zeigte ihn mir, und ich dachte: Vielleicht, ja ganz vielleicht hab ich ja doch eine Begabung. Und schaffe es ganz ohne Schrottplatz.

In diesem Moment flüsterte Oma zu Onkel Helmut, ohne sich umzudrehen: «Was is eigentlich mit den zwanzich Maak, die de mir noch schulden tust?»

Und Onkel Helmut antwortete ebenso flüsternd: «Von der Kohle hab ich dir Kohle jekauft. Und 'n Grill. Mit Würstchen drauf. Steht draußen.»

Oma drehte sich um, sah ihn an und sagte todernst: «Cheste ma raus und drehst die um, ne? Nich, dass die zu braun werden!»

Und dann zitterten ihre Lippen.

Und dann zitterten auch die Lippen von Onkel Helmut.

Und dann brachen beide gleichzeitig, als hätten sie sich abgesprochen, in schallendes Gelächter aus. Und keiner, wirklich keiner im Treppenhaus konnte sich mehr zurückhalten, und alle, wirklich alle, haben wir gelacht.

NACHWORT

Alles, was in diesem Buch geschrieben steht, ist von vorne bis hinten erstunken und erlogen. Bis auf das meiste.

Nachdem im letzten Jahr der Vorläufer dieses Buches, «Oma Martha & ich», rausgekommen ist, ist viel passiert.

Einige aus meinem Umfeld haben sich beschwert, dass sie darin nicht vorgekommen sind, andere aus meinem Umfeld haben sich beschwert, *dass* sie darin vorgekommen sind. Plötzlich haben sich Menschen bei mir gemeldet, von denen ich bisher gar nicht wusste, dass ich mit ihnen verwandt bin, und wieder andere Menschen, mit denen ich urkundlich und nachweislich verwandt bin, streiten seitdem vehement ab, ein wie auch immer geartetes familiäres Verhältnis zu mir zu haben.

Oma hat mal gesagt: «Kannstes halt nich allen recht machen. Aber dafür bisse auch nich da!»

Woraufhin ich fragte, wofür ich denn da sei.

Woraufhin Oma sagte: «Das findste noch raus.»

Woraufhin ich heute antworten würde: «Ich bin grad dabei.»

Woraufhin Oma heute sagen würde: «Hat ja auch lang jenuch jedauert.»